WIZARD

FLYING HIGH

フライング・ハイ

My Story

Tony Fernandes

エアアジア、F1、プレミアリーグ

トニー・フェルナンデス［著］
堀川 志野舞［訳］

Pan Rolling

Flying High
My Story : From AirAsia to QPR
by Tony Fernandes

Original English Langauage edition first published by Penguin Books Ltd., London

Japanese translation rights arranged with Penguin Books Ltd., London
through Tuttle-Mori Agency, Inc., Tokyo

私が一緒に創り上げた最高に素晴らしい二人、スティーブンとステファニーに捧げる。私の知る誰よりも堅実で、思いやりのある人のままでいてほしい。いつもそばにいてくれてありがとう。

目次

まえがき

夢が詰まったおやつ箱《タック・ボックス》

BGM：「ドリームス」　ザ・コアーズ

数年前、学生時代の友人ジェリー・ウィグフィールドから、とつぜん連絡があった。長距離電話だったが、ジェリーの興奮ぶりは伝わってきた。

「なあトニー、おふくろがきみの物を見つけたんだ」

「ぼくの物って？」

「そいつは見てのお楽しみ。きみがロンドンに戻ってきたら、おふくろに送らせるよ」

正直言って、仕事で数カ月間クアラルンプールに滞在しているうちに、ジェリーとの会話は忘れてしまっていた。ようやくロンドンに戻ってきて、チェスター・スクエアのわが家に落ち着いて数日が過ぎた頃、呼び鈴が鳴った。誰が、あるいは何が待っているのか気にもせず、パジャマのまま玄関に向かい、ドアを開けた。

ドアの向こうにいたのは、郵便配達員だった。茶色い紙に包まれ、白いシールに私の名前が丁寧に印刷された、高さ三〇センチ、幅九〇センチほどの荷物を抱えている。さぞ重いだろうと身構えて受け取ったのに、その箱は驚くほど軽かった。廊下のテーブルに荷物を下ろし、受け取りのサインをして、ドアを閉める。そういえばジェリーから電話をもらっていたっけ、と何となく思い出しながら、茶色い包装紙を破った。すべて剥ぎ取ると、胸がぐっと詰まるのを感じた。真鍮の留め金と革紐が取りつけられ、角の部分が革で補強されている、ぼろぼろになった青い厚紙製の収納箱が目の前にある。エプソム・カレッジという中等学校で私が使っていたおやつ箱《タック・ボックス》。約三〇年ぶりの再会だ。

箱のふたには、ステッカーが三枚貼ってある。ウェストハム・ユナイテッド、カンタス航空、フォーミュラ・ワン（F1）のウィリアムズチームのマーク。

留め金を外して、箱のふたを持ち上げる。中にはC90のカセットが二本入っていた。ABBAの『アライバル』とスティーリー・ダンの『幻想の摩天楼』。それと一緒に、母さんがクアラルンプールからよく送ってくれていた乾麺も入っている。タック・ボックスの中身を見て、私は我を忘れてしまった。胸がいっぱいだ。母さんのこと、イギリスに移ったこと、学生時代の思い出が一気に甦った。

このタック・ボックスは、中身も外側も、私が成長しながら思い描いたすべての夢を表している。私はスポーツ、音楽、飛行機が大好きだった。その瞬間、こんなにも感極まっていたのは、子どもの頃の夢がすべて実現したことに気づいたからだ。

エプソム・カレッジを卒業してから、私はレコード会社のトップに立ち、世界の大物ポップスターたちとパーティーを楽しみ、マレーシアとアジアのバンドを世界に売り出した。イングランドのサッカークラブを買収し、プレミアリーグ復帰を勝ち取った後、ウェンブリー・スタジアムで選手に肩車された。所有するF1カーでグランプリレースのスターティング・グリッドに並んだ。小さな航空会社を買い取り、年間七〇〇〇万人の乗客を運ぶ国際的な企業に生まれ変わらせた。

こうした夢の実現――タック・ボックスにステッカーを貼ることから始まって、三〇年後にドアを開けてこの郵便を受け取るまでの道のり――は、時には神経をすり減らし、ひどくつらい思いをすることもあったけれど、興奮と喜びに満ちていた。嘘みたいな思いもよらない物語も生み出した。

でも、まずは子ども時代の話から始めよう。こんな夢がかないそうな気配もなかった、幼い頃の暮らしと学校生活について。

第1章
少年時代

BGM:「我が心のジョージア」　レイ・チャールズ

私は硬貨投入式の双眼鏡に一〇セント玉を押し込み、地平線を見わたした。ない。双眼鏡を横に動かして駐機場のほうに向け、古いターボプロップ旅客機、マレーシア・シンガポール航空のフォッカーF27やDC-3、ベトナム航空のヴィッカース・ヴァイカウント、小型のプライベート・セスナを眺めた。双眼鏡をまた動かして、滑走路の先にある格納庫に向けると、エンジニアたちが飛行機を整備しているのが見えた。もう一度、地平線に目を戻す。やっぱりない。

「落ち着きなさい、アンソニー、到着まであと一時間あるんだから」と、父さんが言った。

私たちはクアラルンプールにあるスバン空港の展望デッキに立っていた。一九六九年七月の蒸し蒸しする日で、私が五歳の誕生日を迎えてから数カ月が経っていた。父スティーブンと私は、出張から戻ってくる母さんを迎えに来ていた。

落ち着きなさいと言われるのは三回目だ。私はうなずいた。双眼鏡のレンズが暗くなったので、新たに一〇セントを投入して、また駐機場に目を戻す。私と父さんは並んで立ち、無言であたりの様子を眺めていた。

とうとう、待ちかねたフォッカーF27が目に飛び込んできた。小さな点だったものが、見慣れた輪郭を取りはじめ、だんだん大きくなってきて、滑走路にスーッと舞い降りてくる。飛行機が着陸した瞬間、私はドアに視線を移した。ドアが開き、息を詰めて待っていると、母さんが姿を現して、タラップを降りてくるのが見えた。母さんは展望デッキを見上げて、手を振った。私はターミナルビルに駆け込み、手荷物受け取りエリアを鉄柵の隙間から見下ろした。母さんが荷物を受け取るのが見えるとすぐに、私はまた走りだし、到着ゲートから出てきた瞬間に母さんの腕に飛び込めるようタイミングを計りながら、階段を駆け下りた。

この場面は、脳裏に焼きついている。私にとって空港は、いつも幸せな場所だったから。父さんと私は、ダマンサラ・ハイツにあるわが家から、母さんを出迎えるためにスバン空港を何度も訪れていたが、そのたびに再会の喜びに胸が温かくなったものだ。

数年後、父さんと私はクアラルンプールにあるウェルドという百貨店に通いはじめた。ここには広いレコード売り場があり、木製のラックにレコードを立てて並べてあるので、一枚ずつパラパラとめくっていくことができる。日曜日の午前中、教会（私は行くのが嫌だった）と昼食の間の時間に、よくレコードを見に行っていた。昼食はたいてい、ステーション・ホテルやコロシアムなどの古いコロニアル・レストランで食べた。

あるとき、スツールの上でつま先立ちしてレコードをめくっていると、特別なレコードに目がとまった。

「父さん、父さん！」

スツール（私たちがしょっちゅう来ていたので、レコード売り場のスタッフはこれを〝アンソニーのスツール〟と呼んでいた）から飛び降りて、ディーン・マーティンのコーナーを見ていた父さんのところに走っていく。そして手に持っていた一枚のアルバムを掲げてみせた。

「これ、買っていい？」と、期待を込めて訊いた。

父さんはうなずき、私は興奮してぴょんぴょん飛び跳ねた。これが私の初めてのレコードだ。ザ・スプリームスの『スプリームス・ア・ゴーゴー』。前の週末にパトリック・テオのラジオ番組で「恋はあせらず」を耳にして、それからずっと、このアルバムが欲しくてたまらなかった。私が父さんのレコードの埃を払って整理しておけば、休みの日にグルンディッヒのステレオでレコードをかけさせてもらえた。父さんは古い名作が好きだった。ディーン・マーティン、シナトラ、ビング・クロスビー、サミー・デイヴィス・ジュニア――みんな、あの黄金期の歌手だ。

母さんと音楽といえば、ショパンの「夜想曲」を思い出す。リビングにあるヤマハのアップライトピアノで、母さんはこの美しい楽曲を弾き、私はそれに耳を傾けているのが好きだった。シヨパンだけじゃなく、モーツァルトやベートーヴェンも弾き、家族でいつどこに引っ越しても、必ずピアノの置き場所があった。母さんはピアノやバイオリンの先生を家に呼んで、私にレッスンを受けさせたけど、私は楽器を覚えるなら、独学か母さんに習いたかった。母さんの音楽的な才能とメソッドは確実に受け継がれていて、私も母さんみたいに耳で覚えることができたし、そうやって身に付けていくほうが良かった。

母さんはレコードをかけるとき、ディオンヌ・ワーウィックやキャロル・キングのようなアーティストを選んだ。父さんの好みよりも進歩的だったけど、私が何より大きな影響を受けたのは、二人とも音楽をとても愛していたということだ。その影響が私の中にずっと残っている。

もうひとつ、私に影響を残したのは、父さんのスポーツに対する愛だ。父さんは、マレーシアのテレビで放映されているどんなスポーツも見逃さなかった。チームや試合の最新情報を熱心に追いかけ、負けそうなほうをいつも応援していた——力の差がある試合では必ず、分が悪いほうのチームや選手の味方をしていた。

父さんは全国各地のスポーツイベントに連れていってくれたし、一緒にテレビでたくさんの試合を観戦した。私は幼い頃からブラジル・サッカーのファンだった。一九七〇年代初めのブラジルチームは、とんでもなくすごかった。ペレ、リベリーノ、ジャイルジーニョ、カルロス・アウベルト。並外れた選手ばかりで、一九七〇年のワールドカップのブラジル代表は、史上最高のチームと言えるだろう。父さんと私は、イギリスのサッカーの試合を半年遅れで放送する「スター・

サッカー」という番組もよく観ていた。この番組ではどういうわけか、イングランド中部地方のチーム（ウェスト・ブロムウィッチ、ウルヴァーハンプトン、バーミンガム、アストン・ヴィラなど）の試合にいつもスポットが当てられていたようだ。ひどいサッカーだった――センターフォワードへの雑なパス、技術も戦術もない。ちぐはぐなミッドフィールダー、ぬかるんだピッチに、骨をも砕くほどのタックル。戦略的な試合運びなんてこれっぽっちも考えず、とにかくさっさとボールをパスしてしまおうという、ただそれだけだ。ブラジルなどの、これまで見てきたほかのチームにはあったスタイルや優雅さが皆無だった。プレーの違いは歴然としていた。

ところが、一九七四年のある日、「スター・サッカー」で観戦していて、イングランドのサッカーに対する私の見方は、がらっと変わった。それはアストン・ヴィラ対ウェストハムの試合だった。ロンドンのチームの試合を観るのは、それが初めてだった。試合はどんより曇ってぬかるんだバーミンガムで行われていたものの、まるでブラジルチームを観ているみたいだった。ウェストハムは後方から攻撃を組み立てていて、戦術とスタイルがあった――パスでボールをどんどん回して、突破口を開くのだ。トレヴァー・ブルッキング、アラン・デヴォンシャー、フランク・ランパード、パット・ホランド、そして私の大好きなクライド・ベスト。彼らにはブラジルのスーパースターたちのような技術となめらかな動きがあった。私はその場ですぐに、彼らを応援することに決めた。

スポーツは大好きだったけど、最初はあまり得意じゃなかった。八歳のとき、初めてのサッカーシューズを手に入れて、やるならゴールキーパーのポジションがいちばん楽だと判断した。プレーに参加さえできれば、それで満足だった。けれど、一〇歳ぐらいになると、何かが変わった――急にプレーというものがわかってきたのだ。

その頃の誕生日に、伯父がフィリップスの短波ラジオをプレゼントしてくれた。テレビでは試合の生中継がなかったから、毎週土曜日の夜になると、パディ・フィーニーがパーソナリティを務めるBBCワールドサービスの「スポーツ・ワールド」にラジオのダイヤルを合わせた。この番組は、その日の午後に行われるイングランド一部リーグの試合を放送していた。もちろん、当時はどの試合も土曜の午後三時にキックオフで、日曜は試合がなかった。このラジオは二、三の短波放送とAM、FM放送が入ったが、電波を受信するために、あらゆる角度でラジオを掲げてみなければならなかった（冷蔵庫の横がベストポジションだった）。私は思った。「うん、こいつはなかなか手がかかるぞ」

それがシーズン中の週末にいつも、私がしていたことだ――土曜の夜は午後一一時から午前二時まで、サッカーがすべてだった。ウェストハムの試合が生中継されることはめったになかったけど、定期的に最新情報が入るので、チームの状況を追うことができた。あとは、雑誌の「シュート！」からも最新のニュースが手に入った。いつもシーズン開幕にあたって、この雑誌には各リーグの順位表として使えるポスターと、各チームの切り抜きラベルが付いてきた。毎週土曜の夜に試合の結果がわかると、この付録の順位表の並びを変えた。私には各リーグにお気に入りのチームがあった。嘘だと思われるかもしれないが、クイーンズ・パーク・レンジャーズFC（QPR）は、当時の私にとって〝二番目〟のチームだった。ジェリー・フランシス、スタン・ボウルズ、ミック・トーマス、そしてロドニー・マーシュは、このチームをウェストハムに負けないほど魅力的なものにしていた。

父さんと同じく、私もスポーツに熱狂していて、マレーシアで開催されるどんなスポーツイベントも、行けるだけ観に行っていた。当時は、ムルデカ大会（ペスタボラ・ムルデカ）というサッカーの大会が、毎年開催されていた。東南アジアの全チームが、一週間にわたって対戦するのだ。ある年の大会では——一九七四年か七五年だっただろうか——私と父さんは一試合も見逃さなかった。

私たちは毎年、バトゥ・ティガのコースで開催される自動車レースにも行き、F2とロードレース世界選手権（モトGP）を観戦した。騒々しいトラックレースを、三日間にわたって満喫した。レースには、東南アジアと日本の伝説的なドライバーが参戦していた。アルバート・プーン（のちに〝サー〟の称号を受ける）とハーヴェイ・ヤップは、私の地元のヒーローだ。それから長い歳月を経て、F1のエンジンの回転音に囲まれながら、初めてのマレーシア・グランプリのトラックへと歩くとき、私は当時のことを考えていた。あのタック・ボックスみたいに、思い出が呼び起こされた。これほど重大なイベントを、父さんはどんなに見たがっただろうか。そう考えていると、涙が浮かんできた。

一九七五年には、ホッケー・ワールドカップがマレーシアで開催された。スポーツの世界選手権がこの国で開催されるのは、それが初めてのことで、国中が熱狂した。私と父さんはどの試合も観に行った。父さんがインドを応援していたので、私もそうしたけど、インドとマレーシアが準決勝で対戦し、（延長戦の結果）インドが勝利してそのまま優勝することになったときは、ちょっと複雑な気分だった。当時のピッチはもちろん天然芝だったので、雨天延期になると、その試合は夜ではなく同じ週の朝に組み直されることになった。そんなとき、父さんが学校へ送っていこうと運転する車の中で、私はしつこくせがんだ。

「行こうよ、行こう、行こう。一試合だって見逃したくないんだ」

最終的に父さんは「わかった」と言い、二人で試合を観に行くのだった。父さんはぼくが学校でしっかり勉強していないと文句を言っていたけど、学校のある日にぼくをホッケーの試合へ連れていったんだ！

父さんはスポーツと音楽が大好きだったのと同時に、すごく勉強熱心で、寡黙で、自制心があり、確固たる信念を持っていた。世界保健機関（ＷＨＯ）で働く医師で、マラリアとデング熱を根絶するプロジェクトを担当していた。最初はエンジニアとして仕事を始め、その後建築家に転身し、最終的には医学に落ち着いた。ゴア出身のアッパーミドルクラスの家庭に生まれたが、父さんはコルカタで育ち、五歳のとき全寮制の学校に入れられた。父さんは努力し――スポーツに抜きん出ていた――優秀な成績で卒業した。医療研修を受けた後、マレーシアに派遣され、ブラインドデート〔初対面同士のデート〕で母さんと出会った。父さんは二度とマレーシアを離れなかった。

私は父さんが大好きで、WHOのプロジェクトに献身的に取り組む姿や、政治思想に大きな影響を受けた。父さんは公共の利益のための公衆衛生という考えに専心し、いわゆる民間医療には手を出そうとしなかった。生まれつき好奇心が強く、常に物事の仕組みを知りたがり、この世界を理解したがっていた。ありとあらゆる百科事典を買いそろえ、必ず私に読ませた。当時は父さんのそんなところを嫌っていたけれど、私の好奇心はそこから生まれたのかもしれない。父さんに初めて買ってもらった百科事典、マーシャル・キャヴェンディッシュ社発行の『ザ・ブック・オブ・ナレッジ The Book of Knowledge』は、いまでも手元にある。

不思議な話だが、私は二〇一七年三月に、クアラルンプールにあるマーサ大学の学位授与式に出席し、アジマ・ハサンという名の看護師に会ったが、彼女は一九七〇年代初めに父さんと一緒に働いていた。父さんは小柄だけどアスリート体型だった（信じてもらえないかもしれないが、私も一時期はそうだった）と彼女は言っていた。それに、コーヒーが大好きなヘビースモーカーで――よく仕事の後にネスカフェを飲みながら看護師たちとおしゃべりをしに来た、とも。

「とても親しみやすい人で、私たち看護師はみんな、彼になら何でも話すことができそうだった。ボスというよりも、思いやりのあるお兄さんという感じだったわ」

その瞬間、私は父さんを心から誇りに思い、父さんの息子であることを自慢に思った。

父さんが控えめな人だったのに対して、母さんのイーナは社交的で、周りまで元気にしてしまうエネルギッシュな人だった。おしゃべりをしたり、友だちを集めてパーティーしたりするのが大好きだった。わが家はいつも人と音楽であふれているようだった。インク・スポッツにウィニフレッド・アトウェル、ザ・プラターズ。ある日、母さんはあの伝説のシンガーソングライター、レイ・チャールズがマレーシアにいることを知った。誰もが無警戒な時代だったので、母さんは滞在先のホテルに電話をかけると、自己紹介をして、「パーティーを開いているんだけど。良かったら来ない?」と、彼を誘った。すると、本当に来てくれた。レイ・チャールズは迷わずピアノの前に行くと、「我が心のジョージア」を弾いたのだ。この曲を聴くと、私はいまでも背筋がぞくぞくする。それから何年も経って、私がアジア地区のワーナーミュージックのCEOを務めていたとき、再びマレーシアを訪れたレイ・チャールズに会う機会があったが、彼はすべて覚えていた。母さんのことも、ピアノのことも、パーティーのことも。

母さんの姓も父さんと同じで、フェルナンデスだった——ただし、綴りの最後が〝s〟じゃなく〝z〟だったけど。母さんはマラッカ出身で、たぶん私は企業家精神を母方の家系から受け継いだのだろう。父さんの家族に比べると、母さんの家族はずっと貧しかった。母さんの父親は車のセールスマンで、日本の占領下にあった第二次世界大戦中、イギリス人と通じていたかどで、たびたび投獄されていた。おじいちゃんは冒険する人だった——母さんと同じで。

学校を卒業すると、母さんは修道院付属学校の音楽教師になったが、姉にタッパーウェアを紹介されて、企業家の遺伝子が目覚めた。タッパーウェアのビジネスモデルはシンプルだ。友人や親族を招いてタッパーウェア製品を宣伝し、売れた分だけ歩合がもらえる。人気の仕事で、母さんはすっかり気に入った。そりゃそうだ。パーティーを開くことと、企業家になることが、同時にかなえられるんだから。業績が良かったため、母さんは昇進して、販売代理人からマレーシアのタッパーウェア社を運営するまでになった。仕事で代理人に会ったり、新商品を売り込んだりするため、しょっちゅう現地調査の出張をしていた。ある日、タッパーウェアの仕事のためペナンに行くことになり、私は初めて飛行機に乗った。それまではいつもフェリーを利用していた——車でバターワースまで行き、そこから船でペナン島にわたるのだ——けれど、このときはクアラルンプールから飛行機でペナンへ向かった。九歳の少年にとっては、信じられないほどわくわくする経験だった。

その後、私たちはマレーシア中の販売業者に会うため、しばしば旅に出て、やる気を起こす歌を作った。ある曲のタイトルは「タッパーの気分、アゲアゲでいこう Gotta Tupper Feeling Up in My Head」。私はいまでも曲を作っていて——タッパーウェアの曲じゃないけど——それは母さんのおかげだ。

母さんは家の中で主導権を握っていた。家族がすることすべての中心にいて、舵取りをしていた。母さんは私を医者にすると心に決めていた——私を産むとすぐに、この首に聴診器をぶら下げたというわけだ。初めてもらったおもちゃも、お医者さんセットだった。でも、これが原因で、私たちはのちに何度も衝突することになる。

　母さんが私のことを大好きなのは、子どもながらにわかっていた。父さんのほうは、あまり感情を表に出さなかった。一一歳のとき、私は学校のサッカーチームのキャプテンに選ばれて、日本人のチームと対戦した試合で五つのゴールを決めた。その試合が終わると、観戦していた父さんのもとへ向かいながら、「今度こそ、きっと褒めてもらえる」と思っていた。けれど、父さんにかけられた言葉は、「おまえは本当に欲張りだな――一度もパスをしないとは」、それだけだった。私はがっかりしてしまった。そうは言っても、父さんはほとんどの試合を観に来てくれた。愛情深い人なのに、気持ちを口にしたり、褒めたりするのが苦手だったのだ。

　それに対して母さんは、私を完璧だと思っていて、いつも友だちに見せびらかしたがっていた。パーティーを開くたびに、私はリビングに呼ばれ、ピアノを弾いてと言われた。私がすらすら弾ける曲のメドレーを演奏している間、母さんは誇らしそうにほほ笑んでいた。

　母さんのあふれる活力と気前の良さは、金遣いにも及んだ。無謀なまでの浪費家で、おかげで私は甘やかされっぱなしだった。ガーリー伯母さん（私たちはいまでもそう呼んでいるけど、本当の名前はイーニッドだから伯母さんは怒っている）が言うには、クリスマスはいつもばつの悪い思いをさせられたらしい。クリスマスには、わが家に親族が集まり、子どもたちみんなへのプレゼントがツリーの周りに置かれていた。伯母さんいわく、いとこたちはテディベアや本といった〝普通のプレゼント〟をもらっていたけど、私はいつももっと大きなプレゼントをもらっていて、ほかの子たちもみんなそっちを欲しがっていたそうだ。一度など、イギリスから帰ってきた母さんは、私に天然水晶のサッカーボールをくれたこともあった。そんなボール、外に持っていって遊べるわけもなかったけど、理由はどうあれ、母さんはそれを私に贈りたかったのだ。息子を甘やかしすぎだとガーリー伯母さんが言っても、母さんはこう言い返すのだった。「仕方ないでしょう。あの子に〝駄目〟とは言えないんだもの！」

それに比べると、父さんは倹約家で控えめだった。私は両親それぞれのやり方から、良いところを吸収したと思うようにしているが、個人的なお金の遣い方については母さんから、ビジネスに関しては父さんから、より大きな影響を受けているかもしれない。人を楽しませるためにお金を遣うのは大好きだけど、本質的には会計士だから、お金を管理する方法はわかってる。こう言ってもいいんじゃないかな、私は自分の財布の管理より、ビジネスのほうが得意だ！

母さんが贅沢を好んだおかげで、楽しいのは楽しかったけど、時には苦境に追いやられることもあった。一度など、借金で首が回らなくなり、大好きだった家から出て行かざるをえなくなった。私が覚えている最初の家はテラスハウスで、ロンドンのメゾネットみたいに二軒に分かれていた。私たちは上階に住み、下の階には、マレーシアにタワーレコードのフランチャイズとコーヒービーン＆ティーリーフのチェーン店を所有することになる、仕事熱心なユダヤ人の夫婦が住んでいた。その後、アンパン〔クアラルンプールの高級住宅街〕に引っ越し、父さんがＷＨＯの仕事を通じて借りたコロニアル様式の大きな家に住んだ。この家には、サッカーの競技場を作れるほど広い庭があった。私はこれ以上の家はないだろうと思っていた。ところが、しばらくして、ダマンサラ・ハイツという新興住宅地に家を買うことになった。私にとっては、この家の記憶が何よりも鮮やかに残っている。いちばん盛大なパーティー、忘れられないクリスマス、最高の子ども時代の思い出が作られた舞台だった。妹が生まれたのもこの頃だったから、みんなの注目がそっちに集まることにちょっとばかり嫉妬していたとしても、幸せな雰囲気に包まれていた。

クアラルンプールの中でさらに二回ほど引っ越して、最終的には近所に子どもが五、六人いる地区に住むことになった。年上の子もいれば、年下の子もいて、私は夕方にはいつもその子たちとぶらぶら過ごしていた。近くにある未開発の土地に集まり、バドミントンやサッカー、思いつく限りのありとあらゆる球技をした。母さんは私の頑張りが足りないことに文句を言ってカンカンになり、このままだと医者にはなれないんじゃないかと心配していた。でも、私は本当は勉強が好きじゃなかった——頭は良いほうだったけど、問題なくやり過ごすのに必要な最低限の勉強しかしなかった。それぐらいの年頃のたいていの男の子と同じく、何のために教科書を暗記しなきゃいけないのかわからなかったのだ。

一一歳になる頃、母さんの人生には問題があることに気づきはじめた。やたらテンションが高い時期と、ずっとぐったりしている時期を行ったり来たりしているのだ。時には、やる気満々で

――午前五時が勉強に最適な時間だという情報をどこからか聞きつけて、私を午前五時に起こして歴史の勉強をさせた。かと思えば、何カ月もずっと部屋に閉じこもって出てこなかった。

母さんの気分が沈んでいる時期、父さんは治療のため入院させていた。一一歳だった私には、意味がわからなかった。母さんがいるべき場所は家だ。なぜ母さんは行く必要があるのか、なぜ私たちを置いていかなきゃならないのか理解できず、私は父さんと喧嘩をしたものだ。月日が過ぎるほどに、母さんは沈んでいる時期のほうが長くなってきたようで、早く部屋から出てきてほしい、病院から帰ってきてほしいと願いながら、私は母さんの不在をますます感じていた。

母さんが沈んでいると、家も沈んだ。寒々しくて、うつろで、静かすぎた。ピアノの音は鳴らず、父さんは物音を立てずに動き回った。パーティーや友だちが遠い記憶になるにつれ、私のピアノメドレーの腕も錆びついていった。私の望みは、母さんがハミングするのを聴くか、私をつかまえようとして家の中を追いかけ回すこと、ただそれだけだった。

父さんは私に厳しく、母さんがいないときは同じ自由を楽しめなかった。父さんは私を座らせて読書や宿題をさせたけど、そこには母さんのような明るさがなかった。

ある日、父さんと私はダイニングルームで激しい言い争いをした。母さんがまた入院させられたばかりで、私は腹が立ってたまらず、自分を抑えることができなかったのだ。私たちはダイニングルームのテーブルを挟んで向かい合った。またしばらくの間、母さんがいない暮らしを送ることへのいらだち、悲しみ、恐れのすべてが表面化した。

「ねえ、母さんを追い出さないで！　母さんはここにいるべきだよ。いないのは嫌なんだ」

私はわめいた。

「アンソニー、そうするのが母さんのためなんだよ。長い目で見たら、良くなるはずだから」

父さんは私をなだめようとした。

「長い目で見るなんて、そんなの知るもんか」

「いいか、母さんが良くなるには、病院に行かなきゃならないんだ」

「ひどいよ、父さんなんて大嫌いだ」と、私はぴしゃりと言い返した。

父さんが感心するはずはなく、こう怒鳴った。「二度とそんなことを言うんじゃない。親に向かって、何て口をきくんだ。部屋に行きなさい」

それでも私はかたくなに「嫌だ」と言い張った。

父さんが手を上げたことは一度もなかったけど、そのときばかりはぶたれると思った。それぐらい怒り狂っていた。私は父さんの前に立ち、初めて真っ向から反抗していた。

少しの間、父さんはどうすればいいのかわからずにいるようだった。やがて、答えを求めているときにいつもすることをした。本棚のほうを向いて、一冊の本を取り出したのだ。そしてパラパラとページをめくっていき、探していたページを見つけると、開いた本をダイニングテーブルにたたきつけた。

「読みなさい。それから部屋に行くんだ」と言い残して、父さんは出て行った。

あんなに怒った父さんを見たのは、後にも先にもこのときだけだ。いま思えば、父さんは不安で、もしかしたら怖かったのかもしれない。あんなに違う二人だけど、父さんと母さんは深く愛し合っていた。

父さんがいなくなると、私はテーブルに近づき、開いたページに目をやった。そこには〝双極性障害〟の項目があった。読んでみると、治療法についてはほとんど記載がなく、母さんの症状が印刷された文章で説明されていて、私はどれほど母さんの病状が深刻なのか理解した。私はその後すぐに、父さんが正しかったと言いにいった。

母さんのこの悲しい事実を知って、私はますますスポーツに熱中した。父さんも励ましてくれた。素っ気なさそうに見えて、父さんは本当は熱い人だった。

母さんの病状が重かったためか、母さんがまだ私を医者にしようと心に決めていたからか、両親は一九七六年の八月にイギリスへの家族旅行を計画し、医学教育で圧倒的な歴史を誇る学校、エプソム・カレッジを訪れることになった。ロンドンへ飛び、グレート・ポートランド・ストリート近くのホワイトハウス・ホテルに宿泊し、そこからサリーにあるエプソム・カレッジへ向かった。私はエプソムを見学することにまったく興味がなかったし、なぜ親が私をその学校に入れようとしているのかわからなかった。

私はテストを受けさせられ、合格したらしい。校舎と構内を案内されたから。私がした唯一の質問は、この学校でサッカーはできるのかということだ。ラグビーとホッケーしかしないという返事を聞いて、ここに通う子たちを気の毒に思った。サッカーができないなんて！

翌日、母さんは私をセルフリッジ百貨店に連れていき、ウェストハムのユニフォームを買ってくれた。光沢のあるえんじ色と水色のユニフォームに袖を通すと、誇らしさでいっぱいになり、前日の失望が和らいだ。父さんはイギリスにいる間にウェストハムの試合のチケットを取ろうとしてくれたけど、残念ながら取れなかった。でも、この旅行には、忘れられない瞬間がもうひとつあった。母さんはいまでは耐熱ガラスのパイレックスの仕事をしていて、サンダーランドでミーティングがあった。私たちは列車でサンダーランドに向かい、母さんのミーティング中に、父さんは私をローカー・パークに連れていってくれた。これまで見てきたマレーシアのどんなスポーツ競技場よりもずっと大きかった。観客がいなくても、スタジアムにいるだけでクラクラし、イングランド一部リーグの試合がどんな雰囲気なのか、初めて肌で感じた。それまでは、ラジオの実況とテレビのハイライトシーンから、グラウンドの様子を思い浮かべることしかできなかった。スタジアムを目の前にしてみて、本物の試合を観るのはどんなに賑やかで活気に溢れて興奮するか、実感した。

家に帰るとすぐに、エプソム・カレッジへの旅のことは忘れてしまった。私は夕方はいつも、母さんが夕飯の時間だと呼びに来るか、陽が沈むかするまで、ウェストハムのユニフォーム姿でサッカーをして過ごし、そんなふうにして丸一年が過ぎた。

一九七七年七月のある日、母さんと父さんが私の部屋にやって来た。珍しいことだったけど、私はベッドの上でぴょんぴょん跳びはねていたから、やめなさいと言いに来たんだろうと思った。だけどそうじゃなく、おまえは九月からあのイギリスの学校に通うんだ、と父さんは話した。サッカーができないあの学校に。

第2章

イギリスへ

BGM：「ロンリー・ボーイ」　アンドリュー・ゴールド

一九七七年の九月はじめ、両親は私を空港まで車で送ってくれた。不安はなかった――それどころか、一三歳で初めてひとりで飛行機に乗ることに、わくわくしていた。

空港に着くとすぐ、私は乗客係の手に引き渡されて待合室に連れていかれ、カンタス航空の搭乗が始まるまで座って待っていた。両親と妹との別れは、ひとりで飛行機に乗ることへの興奮がカバーした。エンジンが全開になる轟音と、滑走路を猛スピードで走る747型機の振動がもたらす離陸の興奮は、いまでも私が愛してやまないものだ。飛行機が急な角度で傾いたあの離陸の瞬間を、まざまざと思い出すことができる。雲を通り抜けて晴れわたる青空へ飛び出すとき、耳がポンと鳴った。フライト中はほとんどずっと、アドレナリンが放出されっぱなしで、一瞬も眠った覚えがない。途中でバーレーンに着陸したけれど、私はどうしても降りなきゃいけなくなるまで飛行機から離れたくなくて、そのまま機内に居残っていた。

ヒースロー空港でとうとう飛行機を降りると、あたりを見回して真っ先にこう思った。「たいへんだ、ここは白人だらけじゃないか!」。飛行機に乗るのは楽しかったけど、ひとりぼっちで降り立つのは怖かった。手荷物受取所の表示に従って進みながら、人の多さと大きさのせいで、自分が小さく思えた——空港の何もかもが、とにかく大規模だった。イギリスに来るのは初めてじゃなかったけど、親と一緒に訪れるのと、自分ひとりで来るのは、わけが違う。不安で心細かった。そして今度は、両親が学校から教えられていたグリーンラインバス727番に乗ってエプソム・カレッジに向かう、孤独な旅の始まりだ。どこでそのバスに乗ればいいのかも、どれぐらいの時間がかかるのかも、見当がつかない。残りの指示は、エプソム・ハイ・ストリートのスプレッド・イーグル・パブでバスを降りるということだけだった。

荷物受け取りの円形コンベアーの前に立ち、ほかの乗客たちがスーツケースを掴んで歩き去っていくのをそわそわと眺めながら、壁の穴から現れる荷物をじっと見つめていた。

第二ターミナルの外から発車する727番バスを、どうにか見つけることができた。バスの運転手は私のスーツケースをトランクに入れ、さらに乗客が来るのを待った後で、発車した。Aロードを走ってテディントン、キングストンを通り抜け、サリーの田園地方に入ると、信じられないほどそこらじゅう緑にあふれていた。これまで経験したことのない混雑具合でもあった——人、車、バイク、トラックで道路がごった返している。バスが停車と発車を繰り返す間、私はしきりと次の停車場を確かめていた。

エプソム・ハイ・ストリートのスプレッド・イーグルに到着すると、運転手が親切に教えてくれて、私のスーツケースを降ろした。バスはガトウィックを目指してそのまま走り去り、私はこれからどうすればいいのかわからず、あたりを見回した。ティーンエージャーの女の子がそばを通りかかったので、エプソム・カレッジへの行き方を尋ねた。女の子が私に向かって片手を挙げるのを見て、イギリス風の挨拶かなと思っていると、彼女は言った。「帰りなさいよ。あんたみたいな子、ここじゃいらないんだから」

〝ようこそイギリスへ〟

やがて、年配の男性が正しい道を教えてくれて、私は旅の最後の行程を進みはじめた。スーツケースは重く、もちろん当時は車輪なんて付いてなかったから、抱えながらエプソムの狭い歩道をゆっくり歩き、緑豊かな町外れへと抜けると、ようやくこれから六年間わが家となる場所を示す看板が見えた。

飛行機、バス、二マイルの徒歩の旅を経て、くたくたで空腹で身体が冷えていた。エプソム・カレッジのキャンパスへスーツケースを引きずっていき、初めてこの目で本館を見た。私は圧倒された。わずかに傾斜した丘の上に立ち、巨大な両開きの木製扉がある正面玄関から、両側に約五〇〇フィートずつ建物が広がっている。ドアの上には銃眼のある塔と、ユニオンジャックを誇らしげに掲げる旗竿が見える。深紅のレンガと黒い鉛枠窓の建物に、玄関を縁取る白い石のアーチが映えている。クアラルンプールからやって来た一三歳の少年にとって、取っつきづらい環境だ。ヒースロー空港でも自分が小さく感じられたが、いまでは豆粒ほどの存在になった気がした。

巨大なドアを開けて、先生を見つけると、割り当てられた寮の場所を教えてもらった。私が入るのはホールマン・ハウスで、寮のシンボルカラーは赤と白。あと一〇分で夕飯の時間だから、急いで着替えてきなさいと言われた。私はキャンパスを駆け戻り、上ってきたばかりの丘を下り、ホールマン・ハウスを目指した。階段を上がると、ドミトリーがあった。長い部屋の壁沿いに、二〇台のベッドが両側に一〇台ずつずらりと並んでいる。私は空いているベッドを急いで見つけ、スーツケースを開いて制服を取り出した。部屋にいたほかの男の子たちは、不思議そうにこっちを見ていたけど、私がネクタイをうまく結べずに苦戦しているのを見て、笑いだした――ちなみに、ネクタイはいまだにうまく結べた試しがない。やがて、同級生のひとりのロディ・ウィリアムズが、気の毒に思って手伝ってくれた。自分ではまた結べないいんじゃないかと心配だったので、最初の一週間はネクタイの結び目をほどかず、夜になるとゆるめるだけで頭から外し、朝になると頭からかぶって首元で締めた。新しくできた友だちのロディと、サッカーの話を始めると、気分が良くなってきた。

遅れていてお腹も空いていたので、私たちは夕食のため階段を駆けおりて本館に向かった。おしゃべりに夢中になりながら、遅刻しないようにと、庭を横切って最短距離を取ることにした。すると、どこからともなく、大きな怒鳴り声が聞こえてきた。

「こら！　そこの悪がき二人！　いますぐ芝生から出ないと、居残りさせるぞ」

私たちはビクッとして、固まった。それは歴史教師のパーカー先生で、スーツと黒いスコラーズ・ガウン〔教職者のマント〕姿だと迫力があった。先生はつかつかと近づいてきて叱責し、夕食の席へと急ぐほかの少年たちはみんな面白がって見ていた。ロディと私はうなだれて、足を引きずるように食堂へ向かった。新しい学校での疲労と動揺に満ちた初日の締めくくりに、私は出会ったばかりの先生に公然と恥をかかされることになったのだ。


私をなぜエプソムに通わせるのか、両親ははっきり話さなかったが、二人の目的はじき明らかになった。この学校は、医療従事者の寡婦を住まわせ、その息子たちに教育を受けさせるという目的の下、一八五五年に開校した。ジョン・プロパート博士が創設した英国医療財団（ロイヤル・メディカル・ファンデーション）が、資金を集めてキャンパスを建造し、開校当初は英国医療慈善学校（ロイヤル・メディカル・ベネヴォレント・カレッジ）と呼ばれていた。最初の頃の生徒数は一〇〇人ほどだったのが、少しずつ増えていき、私が入学した頃には六〇〇人近くになっていた。エプソム・カレッジはイギリスにあるどの学校よりも、多くの医師を輩出してきたという話だ。世界中のどの学校よりも、とも言われている。けれど、母さんの期待に反して、私は医師になってエプソムの堂々たる医学史に名を刻むことにはならなかった。

最初の一週間は、キャンパスの歩き方を覚え、建物の歴史を学び、奇妙に感じられることに慣れようとして過ごした。五〇〇人以上もの少年たちと大食堂で食事を取るのも、一九人の少年たちと一緒に寮で眠るのも、ひどくおかしな感じだった。ここには、服を洗濯してくれる寮母さんが二人いた。寮の部屋の片隅に大きな籐のバスケットが置かれていて、そこに汚れた衣類を放り込んでおくだけで、数日後には、洗濯とアイロンが済んだ状態で戻ってきた。この新生活は初めてのことだらけで、わが家でくつろいでいる気分に少しもなれなかった。朝にシャワーを浴びていても、お湯の量には限りがある。必ず六年生から先にシャワーを使うことになっていたので、生ぬるい水か凍えるような冷水しか出ないこともしょっちゅうだった。既につきまとい始めていたホームシックが、ガツンと直撃した。家が恋しかった。ここでの暮らしはあまりにも違いすぎて、見知ったすべてのものから遠く離れすぎている感じがした。

違和感は体育の授業でも続いた。ラグビーをやったけど、どうも腑に落ちなかった。卵形のボールをつかんで、地面に引き倒そうとする敵チームの選手に向かって突っ込んでいく。私が大好きな競技とは正反対だ。初めての試合で、相手チームのウイングの選手がボールをつかみ、走りだした。当時の私は足が速く、簡単に追いついた。タックルしろとみんなが叫んでいたけれど、相手を転ばせるだけのサッカーのやり方では駄目だと思い、私としては突っ込んでいくことはできなかった。そんなわけで、相手がボールをタッチしてトライを決めるまで、ただ後を追いかけていった。私にはどうしても理解できなかったのだ。

試合の後は、揃って更衣室に入り、一斉にシャワーを浴びるよう指示された。私は完全にパニックになった。三〇人もの子たちと並んでシャワーを浴びるなんて、奇妙極まりなく思えた。制服に着替えると、汚れた体操服をどこにやればいいのかと、あたりを見回した。先輩のひとりが、ラグビーの試合中に制服をかけてあった針金のかごを指さした。私はびっくりした。制服とは違って、体操服を洗ってもらえるのは、少なくとも三、四回は授業を受けた後になる。土砂降りだったり泥まみれだったりする授業の後も、次に着るときまで、汚れたままほったらかし。そんな体操服を着るのは、むかむかした。

最初の土曜日に、初めての遠征試合があった。みんなでバスに乗り込み、ワトフォードにあるマーチャント・テイラーズ・スクールへの長い道のりを出発した。ひとりの男子が「ジャイルジーニョ」と書かれたアディダスのバッグを持っていた。

私は「ジャイルジーニョ、知ってるの？」と、その子に尋ねた。彼の名前はデジ・マホーニー、私がタックルせずにタッチラインを追いかけていった相手だ。デジはまるで半生を森の中で暮らしてきた相手を見るように、私を見た。私たちはすぐにこの偉大なブラジル人サッカー選手の話を始め、ひいきのサッカーチームとスター選手について語り合った。おかしな話だが、私はサッカーのおかげで、ラグビーが中心の学校に居場所を見つけることができ、デジとは一生の友だちになった。友人の多くはエプソム時代から親交が続いている相手で、デジとはいまでも連絡を取り合っている。学生の頃の友だちは多く、クアラルンプールで通っていたアリス・スミス・スクールの頃からの友人もいる。

ラグビーのやり方はまったくわからなかったけど、熱心に打ち込んだ。スポーツであることに変わりはなく、私は飲み込みが早く器用だった。ある日の午後、寮の代表としてプレーしたが、相手チームは私をなかなか捕まえられず、私は四つのトライを決めた。先生の目に留まったらしく、私はAチームに推薦されたけれど、結局Bチームにしか入れなかった。二年目になると、Aチームに入れた。

家族と電話で話してはいても、やっぱり母さんや父さん、親戚や友だちに会いたかった。長かった最初の学期の中間休暇を目前に控えて、私は母さんに電話した。そのときの会話は、未来を予言するような内容になった。

「母さん、家に帰りたいよ」

「お金がかかりすぎるわ」

「でも、ここは最低だし、みんなに会いたいんだ」

「飛行機に乗るのはお金がかかるから、七週間ごとに帰らせてあげるわけにはいかないのよ、アンソニー。クリスマスまで待ってから帰ってらっしゃい」

「でも、何でそんなにお金がかかるの？　何で安くできないの？」

私は頭にきた。

「だったら、ぼくが安くしてみせるよ」

当時は、そんなのどうってことないと思っていた。私は両親や友だちに会いに帰れないことに腹を立てていて、お金が大きな問題となって幸せを邪魔されるのが納得できなかった。

なるほど、いまふり返ると、誰もが空を飛べるべきだという考え――私の一生をかけた使命――が生まれたのは、このときだった。私が家族と過ごすのを邪魔しているものは、航空券の値段だということを、このとき本能的に理解した。飛行機に乗れないことが、多くの不幸せの原因になっていることも。数十年前にエプソム・カレッジでこの種がまかれていなければ、エアアジアは生まれていなかったんじゃないだろうか。

最初のつらい数週間を過ぎると、ホームシックはあっけなく治って、二学期と経たずにエプソム・カレッジでの生活は充実してきた。私と同じくいたずらが大好きな親しい仲間もできた。先生たちにいたずらを仕掛けるだけじゃなく、仲間内でもやり合って、いつも授業中にふざけていたが、むきになるようなことはなかった。伝統的な挑戦を受けて立つこともあった。たとえば、ホールマン・ハウスの建物を乗り越えるとか。二階の窓から抜け出して、身体を揺らしながら排水管をつたい登り、できるだけたくさんの窓の足枠や使えるだけの足場を使って、屋根の上によじ登ると、今度は建物の反対側で同じ道のりを逆にたどるのだ。いまになって、その高さと難しさを考えると、少しぞっとしてしまう。いまでは生徒たちはそんなことを許されていないだろうけど、七〇年代には誰も気にしていなかったし、結果的に怪我人も出なかった。

何より良かったのは、毎日熱中できるスポーツがあったことだ。この学校ではホッケーが盛んで、私もそれならルールを理解できた。マレーシアに住んでいた頃、父さんと一緒に欠かさず試合を観ていたし、ほかの子たちとちょっとはプレーしたこともあった。実は、エプソムでホッケーを始めたときに、私には生まれつきの才能があるとわかったと、最近になってデジに言われた。私は反射神経が良く、背は低いけど筋肉質でもあったので、タックルされても倒れず踏ん張ることができた。サッカーと同じく、すばしこくて、ゴールを決める本能があった。マレーシアで開催されたワールドカップのある試合の後、父さんと私はインド代表チームのところに行き、キャプテンからサイン入りのホッケースティック（ヴァンパイア社製の）をもらった。誇らしくて嬉しくて、私はエプソムでそのスティックを使ってプレーした――サインを見せびらかしながら。

ホッケーのやり方は知っていたけど、エプソムでは秋のラグビーシーズンが終わった後、春学期にホッケーをプレーした。その点では、とまどってしまった。私はマレーシアの暑さの中でホッケーをすることに慣れていて、スティックをしっかり握れなくなるほど手がかじかんでしまう、凍えるような寒さの中でプレーしたことはなかった。ピッチは水浸し（ボールがしょっちゅう泥にはまる）、または凍っていた（みんな滑りまくる）。最初の冬学期には、雪が降った。私はとまどった――それまで雪を見たことがなかったのだ。「雪というものは普通どれだけの間降りつづくものなのか」とクラスメートに尋ね、一面の白い雪が一夜にして消えてしまうと、ますます困惑した。一度、ピッチが雪で覆われたときに、エプソム公共スイミングプールに行かされた。当然、泳ぐものと思い込んでいたけれど、着いてみるとプールにカエデ材の床板がかぶせられていて、私たちはそこで屋内ホッケーをした。凍える寒さの中でプレーすること以上におかしな感じがした。

夏学期には、クリケットと陸上競技が体育の授業の中心になった。私はトップ・スプリンターだったので、最初の二年ほどは陸上競技に集中した。一四歳でエプソム・スクール・チャンピオンになった。背は低くても、稲妻のように速かった。だけど残念ながら、あまり背が伸びなかった。ほかの子たちは脚が長くなっていくのに、私は変化がなく、太刀打ちできなくなった。すばしこさは健在だったし、背が低いおかげでなかなか倒されずに済んだので、ラグビーでは身長は問題にならなかったけど、一〇〇メートルを直線で走るとなると、長身の子たちにはストライドの長さでかなわないことがあった。

その後は、クリケットを始めた。クリケットは、私が最高のプレーをする――一〇〇打点（センチュリー）を記録する――か、最低のプレーをする――一球でアウトになる――か、そのどちらかになるスポーツのひとつだった。ほどほどということはめったになく、エプソムの体育の先生たちはそのことにもどかしさを感じていた。私のバッティングフォームは変わっていて、まっすぐ前後に振り抜くのではなく、バックスイングのときにバットが右に開いてから前に振るという形になっていた。寮監でクリケットのコーチでもあるロイ・ムーディは、何時間もかけてこの問題を修正しようとしたが、いつまでたっても身に付かなかった。結局、〝まっすぐプレーする〟のは難しいとわかっただけだった――調子がいいときは大量得点したけど、必要以上にアウトになることもしょっちゅうだった。実のところ、ホッケーでも同じスイングをしていたが、ゴールを決めようとするときはいつも全速力で走っているおかげか、そっちではあまり問題にならなかった。

学校になじむと、私は人気者になったけど、自分とほかの生徒たちの間に常に一定の距離があるのを感じていた。それがなぜなのかは、どうしてもわからなかった。ある日、仲良しの友だちで通学生のチャーリー・ハントが、自宅のパーティーに寮生たちを招いた。私は呼ばれなかったことにムッとして、肌の色が違うせいで仲間に入れてもらえなかったのだろうと思った。何年後かにそのことをチャーリーに訊いてみると、招待しなかったのは、ナイフとフォークの使い方を知らないだろうと思っていたからだった！　私がツリーハウス〔樹上の家〕か何かで育ったものと思い込んでいて、恥をかかせたくなかったのだ。その頃は誰もマレーシアなんて聞いたことがなかった——私はよく、シンガポールとタイの間にある国だと説明していたけれど、それでもみんなは、どこなのかわかっていなかった。私がこの国とＡＳＥＡＮ（東南アジア諸国連合）の地域全体を有名にしようと熱心に取り組んできたのは、人々がマレーシアについてほとんど何も知らないことに気づいたショックが、心の奥底でモチベーションのひとつになっていたのだろうか。エアアジアは間違いなくその点で貢献しているが、こういうことを進めるには時間がかかるものだ。

私は確かに、人種差別の明らかな実例を目の当たりにしてきた。エプソム・カレッジは圧倒的に白人が多く、当時は文化も全然違っていた。「ティル・デス・アス・ドゥ・パート」や「ラブ・ザイ・ネイバー」といったテレビ番組は、攻撃的と言えるほど人種差別的な価値観が表れていて、私が特にラグビーのピッチでは〝ウォグ〔浅黒い外国人の意。差別的な表現〕〟などと呼ばれるのも、さほど驚くようなことでもなかった。そのせいで腹を立てたり傷ついたりした記憶はなく、もっと一生懸命、上手にプレーしようという気になっただけだ。侮辱されることで、みんなが間違っていることを証明してやろうという思いに駆り立てられるようで、ほかのどんな反応よりも、間違いを認めさせることに満足感を覚えた。

エプソム・カレッジは学業に関してはピリピリしたムードが漂っていたが、日課が決まっているのはありがたかった。先々の時間割がわかっているおかげで安定していたし、一日や一週間の中で楽しみにできる時間が持てた。食事の中では朝食がいちばん好きだった――恐ろしいほど大量に用意されているソーセージをパンに挟んで、シリアル数杯と一緒に流し込む。朝食の後は午前中の授業で、楽しいとは言えなかったけど、昼食の後はいつも体育があった――選択した軍務の見習いとして参加する水曜日を除いては。陸軍はちょっと真面目すぎるから、私は海軍を選んだ。海軍は悪ふざけやお楽しみが満載だった。

ある水曜日、私は友だちと海軍の備品棚からひとつずつ功績章をくすねて、見習い用ジャージの袖に縫いつけた。その日の午後は、海軍少将だか高官の前で、年に一度の重要な将官視察の閲兵式が行われ、当然のごとく少将は私の功績に感心した。どうやってそれらの記章を授与されたのかと、質問攻めにあったけど、私には何のことだかさっぱりだったので、はったりで切り抜けるしかなかった。少将は質問するのをあっさり諦めた。

水曜の午後と同じく、週末も楽しんだ。土曜の午前中の授業が終わると、同地区の他校との試合がいつもあり、私は成長するにつれて、エプソム代表としてラグビー、ホッケー、クリケットをプレーした。

日曜日には、完全寄宿生は礼拝に出席することになっていたが、私はローマカトリック教徒で、父親が英国国教会の礼拝に出席させるのを嫌がっていると学校には話してあった。学校側は私がどこかよそのミサに参列するのを許可するつもりだったけど、もちろん私は行かなかった。日曜の朝の自由な時間をただ楽しんだ。

週末は伝記や自叙伝をたくさん読んで過ごした。母さんみたいに、私も人間に興味があるからかもしれない。エプソムにいた頃に読んだ何冊かの本は、私の人生観を形作った。中でも際立っていて、大きな影響を受けたのは、アレキサンダー大王、トーマス・エジソン、スコットランド王ロバート一世の伝記と、アントニア・フレーザー著の『クロムウェル、アワ・チーフ・オブ・メン Cromwell, Our Chief of Men』だ。

非常に野心的なアレキサンダー大王は、私のヒーローになった。異人種間の結婚を奨励して、人種の壁や文化の違いのない世界を創ろうとしたのだ。彼は民主主義を信じ、そして何といってもマザコンだった！　トーマス・エジソンの人生にも魅了され、彼が生み出した数々のアイデアと発明に刺激を受けた。エジソンのアプローチとライフワークを研究することで、革新の価値が明確になり、それ以来ずっとビジネスを運営する上で影響を受けている。私はしょっちゅう自分に問いかけている。「いま存在しないもので、必要なものは何だろう?」「乗客や顧客にもっと便利に利用してもらうため、何ができるだろう?」「ビジネスの仕組みを変えるため、スタッフはどんな取り組みができるだろう?」と。エジソンみたいに、私も決して現状に甘んじることなく、何をするにも新しくより良い方法を見つけようと努めている。ロバート一世から学んだいちばん重要なことは、粘り強さと忍耐がいかに大切なものかということだ。ロバート一世は決して諦めず、私も仕事と人生において、同じ固い決意で臨んでいる。ジャーナリストたちは、こうと決めたら何としてでも追求する私のしつこさについて、記事にするのはもう飽きたとよく言っている。最後に、オリバー・クロムウェルの共和制への見解は、私に意義ある影響を与えた。私は誰の人生にもチャンスが与えられるべきだと信じているし、政権を担う体制が特定のグループの人々にだけ利益を与えるのであれば、それはフェアじゃないと思っている。

一〇代を過ごす間に、彼らの人生に関する本を読み、理解したことで、私は大きな影響を受けた。会社を運営するにあたって、ビジネスの主義としているものの中核には、これらの本に由来している部分もある。私は能力に基づいた多文化的な従業員を尊重している。しつこさというものを大切にし、周りの人々の粘り強さに感心している。いつも会社に何かを新しく取り入れようと考えていて、問題に取り組む新しい方法の提案を社員に奨励している。

こうした偉人と伝記を通して、私はすっかり歴史に熱中した。歴史はいまでも好きだ（学校初日に私を怒鳴りつけたのは歴史教師だったが）。スピーチをするときは、常に過去をふり返ってテーマとお手本を見つけている。これらの本から学んだ教訓は、私の中にずっと残っている。

音楽は相変わらず好きだったけど、友だちに借りるか家から送ってもらったカセットを聴くしかなかった。純粋な好奇心から、音楽に関する情報をひたすら追いかけていた。ＡＢＢＡの「悲しきフェルナンド」がリリースされると、友だちは「あのドラムの音が聞こえる、フェルナンデス？」と替え歌にして面白がっていた。私も冗談をまあ楽しみながらも、父さんにアルバム『アライバル』のカセットを送ってもらった。そして三〇年後、そのカセットがタック・ボックスにまだ入っているのを見つけた。

私は音楽に対する興味のおかげで、人によっては欠けている創造性の利点と強みを得ることができた――常に新しいサウンドを探していて、のちのワーナー在籍時にその習性に助けられることになった。教室で過ごすのはあまり楽しくなかったけど、勉強ができないわけじゃなかった。自分を自由に表現できるスポーツ競技場や音楽室にいるときのほうが、ずっと居心地が良かったというだけで。その年頃でも、自主的にやるのがいちばん身に付くということがわかっていたので、レッスンを受けるのはやっぱり嫌いだったけど、できるだけピアノを弾くようにしていた。私は飲み込みは早いが、示されることや教わることの効果をすぐに見たいと思っている。学ぶことは能動的で相互に作用するプロセスであり、自ら飛び込んでいってこそ、早く習得することができるのだ。学校のほかの科目の大半は退屈だった。受動的に学ぶことの意義が見えず、それが教育方法の中心となっていたから。歴史と音楽以外の授業には興味が持てなかった。医学学校に入るのに必要とされる科学系の課目にも、まったく興味がなかった。

エプソム・カレッジで成長していく間、私の大きな関心はスポーツと飛行機と車を中心に展開していた（それと、第六学年《シックス・フォーム》〔大学進学を目指すAレベル受験のための特別進学学年〕になると入学を許可される女子のことも）。マイク・ホッブズという若い生物教師がいて、車はミニクーパーに乗っていた。ある晩、私たちはホッブズ先生の車を運んで、ラグビーのファースト・フィフティーン競技場のセンターラインに置いた。なぜそんなことをしたのかは思い出せない——ホッブズ先生にこっぴどくいびられていたせいか、単に面白そうないたずらを探していただけか。翌日は生物の授業があり、私たちは授業中ずっと笑いをこらえきれずにいた。とうとう先生は我慢できなくなり、何がそんなにおかしいのかと尋ねた。私たちは車を見せようと、先生をラグビー場に連れていった。ところが、車がない。私たちは笑うのをぴたりとやめ、うろたえてパニックになった。自分たちのしたことを説明するよりほかなかったが、どうして車がそこにないのかは説明できなかった。私たちは居残りの罰を受けた。次の日、ホッブズ先生はミニに乗ってキャンパスに現れ、笑みを浮かべて口笛を吹きながら車を駐車して降りてきた。ずっと後になって教えてもらったが、あの夜、先生は私たちが怪しいひそひそ話をしているのを聞いて、何をしようとしているのか後をつけて確かめたらしい。私たちがベッドに戻ってから、先生は車が消えたか盗まれたかしたように見せかけるため、キャンパスから発進させ、近所の通りに駐車しておいたのだ。いたずらでは先生のほうが一枚上手だったことを、私たちは認めざるを得なかった。

いたずらを企てるのは別にして、空いている時間はヒースロー空港をたびたび訪れていた。私が学校の初日に乗ってきたグリーンラインバス727番で空港に行き、チャーリー・ハントと二人でクイーンズ・ビルディングの展望デッキから飛行機が着陸するのを眺めて、どこの飛行機か言い当てて過ごした。飛行機に対する興味は募るばかりで、チャーリーみたいにわかってくれる相手と情熱を分かち合えることが嬉しかった。

Oレベル〔イギリスの教育制度で義務教育修了時の認定試験〕を受ける年になるまでは、私の学校生活は順調だった。一月の初め、新学期が始まったばかりの頃に、父さんから電話があった。これは何も珍しいことじゃない。また母さんの調子が悪くなってから、私と父さんは前よりもっとよく話すようになっていた。けれど、今回の電話では、父さんの声の調子がいつもと違っていて、どうも沈んで聞こえた。

父さんは言った。「母さんの具合がひどく悪いんだ。本当に、ものすごく悪い。今度ばかりは治らないかもしれない」

それでも、私はあまり深刻に受け止めなかった。こんなふうに母さんの具合がひどく悪くなったことは、前にも何度かあったから。それに母さんは自然児みたいな人だ。元気なとき、母さんのエネルギーは周りに伝染する。そういう元気なときのことだけを、考えるようにしていた。事業主としてのビジネスの手腕があったおかげで、母さんはタッパーウェアの仕事で大きな成功を収め、イギリスのパブリックスクールの高い学費を支払い、家族に何不自由ない暮らしをさせられるほどだった。けれど、いまは腎臓をひどく患い、それが今度は心臓にまで影響を及ぼしているらしかった。

私は毎日、電話で容態を確認して、母さんはだんだん良くなってきていると聞いていた。ある日、いつものように退屈しながら地理の授業を受けているとき、学校の事務員が教室に入ってきて、一緒に来るようにと言われた。

授業中に呼び出されるなんてめったにないことなので、事務員の後について事務室に入りながら、電話へと近づいていく一歩一歩を踏み出すのが怖かった。受話器を持ち上げると、父さんの泣き声が聞こえてきた。

「母さんが亡くなったよ」と、父さんは言った。

その言葉と共に、私の世界はまるごと崩壊した。母さんはまだ四八歳で、私はたったの一五歳だった――その年頃の子どもなら、親が死ぬなんて考えもしないものだ。

それまであまり感情を露わにしたことがなかった父さんは、電話の向こうでまだ泣いていた。私たちは遠く離れているせいで、お互いを助けたくても何もできなかった。家に帰ったほうがいいかと、私は尋ねた。すると、父さんは静かに答えた。「いや、Oレベル試験に集中しなさい」

亡くなる数日前に、私は母さんと話をしていた。母さんは私の成績と、日が迫っている模擬試験を心配していたけど、病気については話題にしなかった。実は、クアラルンプールで最後に母さんに会ったとき、私たちはひどい喧嘩別れをしていた。私がAレベル〔イギリスの大学進学にあたって、選択した科目を履修して試験を受ける制度〕で物理、化学、生物ではなく、生物、経済、歴史を選択したと話したせいで、口論になったのだ。この争いは「第三次世界大戦」に発展した――母さんがあんなに怒っているところは、見たことがなかった。私がクアラルンプールを発つときも、母さんの怒りはまだ治まらず、ハグも愛情を示すどんなそぶりも見せずに、「じゃあね」とだけ言って車に乗せた。結局、科学系の課目を履修させられることになったけど、私は無理矢理受けさせられても落第点を取ると言った。

そんなわけで、亡くなる前に最後に母さんと会ったときの思い出は、楽しいものではなく、電話で話したときもお別れは言えなかった。母さんと最後に過ごしたときに、あんなふうにひどい喧嘩別れをしてしまったことを、私はいまでも悲しく思う。

何千マイルも離れたところで母さんが埋葬されているときに、学校に居残ってなんかいられなかった。私はスーツケースに荷物を詰めて、母さんの姉の夫であるジョン伯父さんの、エセックス州ブレインツリーの家を訪ね、一週間滞在した。学校の友だちから離れて、ひとりになる時間が必要だった。ジョン伯父さんは本当に良くしてくれた。厳格な人で、どんな異議も受け入れようとしない古いイギリス人タイプだったが、その週の間に私たちは親しくなった。伯父さんの家には無線通信装置でいっぱいの広い部屋があり、航空交通管制と通信するパイロットの周波数も受信することができた。伯父さんも飛行機を見分けるのが好きで、その週に私たちは何度か空港を訪れた。エセックスで伯父さんと過ごすのは、悲しみから気を紛らわすのに最善の方法だった。一週間後、もう戻ったほうがいいと言われて、しぶしぶエプソム行きの列車に乗った。私が戻ると、学校のみんなは気を遣ってくれて、集まって励まそうとしてくれた。

つらい学期を終えて、私は夏休みにマレーシアに戻った。わが家の静けさは耐えがたかった――母さんがいないと、お客も来ず、ピアノの音も鳴らず、ハチャメチャな計画もない。最初の数日は、母さんが帰ってきて家の中の音と生活にはずみを付けてくれるのを待っているような感じだったが、やがて母さんは戻ってこないことを実感した。だから私は母さんの後を継ぐことにして、母さんがいないことを補うために、できることは何でもした。友だちを招き、ピアノを弾き、レコードをかけ、活気づけようとした。私がエプソム・カレッジに入学したとき、妹はたった二歳で、この夏に私が帰ってきたときもまだ幼かったけど、このときから私たちは兄妹としての絆をしっかり築きはじめた。

夏休みが終わって学校に戻るとすぐに、私はそこそこの万能選手から、ちょっとしたスーパースターへと変貌を遂げた。Oレベルの学年までは、全般的にうまくやっていた――ホッケーとラグビーのAチームでプレーし、クリケットもかなりの腕前だった。母さんが亡くなった後は、悲しみのエネルギーをすべてホッケーに注ぎ込み、気を紛らわせた。私はホッケーのU16からステップアップして、ファースト・イレブンでプレーする最年少選手になった。チームの状態は悪かったが、初めての試合でがら空きのゴールを狙うチャンスが到来した。私はボールを押し込むだけで良かったのに、力一杯スイングしたスティックはボールにかすりもしなかった。穴があったら入りたかった。でも、シーズン最終戦では見事にゴールを決めて最高の試合にしたので、名誉を挽回し、シーズン序盤の失態は忘れ去られた。

最終学年に、私はホッケーのキャプテンを務めていたが、脚を骨折した。本格的な負傷による挫折を味わうのは、これが初めてだった。ラグビーやホッケーの試合で、数え切れないほど擦り傷や打撲傷を負ってきたけれど、ここまで重い怪我はなかった。負傷したのは、練習試合のときだった。私はゴールを五つ決めていた。大柄なゴールキーパーは、私が大暴れしていることに腹を立てていた。またゴールを決めようと、そいつと一対一になり、かわそうとしたときに、脚を引っかけられた。脚の骨が（一二カ所で）砕ける音を、みんなが耳にした。この超エネルギッシュなスポーツに精力的に取り組んでいた私は、杖をつきながら足を引きずって歩くようになった。すっかり打ちのめされていた。やり場のないエネルギーを勉強に向けることもできた――が、そうはしなかった。

私は第六学年に進学し、親が医学の道へとスムーズに進むのに必要だと考えている、大嫌いな自然科学系の課目を勉強することになった。私が進みたくないと幾度となく拒絶してきた道だ。勉強している科目はさておき、第六学年の学校生活は下級生の頃とは違っていた。大して年の違わない教師もいて、対等に近づくにつれて多くの先生たちとの関係も変化した。私たちは責任を与えられ、首席の座はデジ・マホーニーに奪われたが、私はホールマン・ハウスの寮長になった。寮長の仕事は山のようにあった――毎晩、年少の生徒たちがみんな就寝していることを確かめて、寮監に報告しなければならない。寮代表のスポーツとディベートのチームを編成し、ラグビー、クリケット、ホッケーの選手を勧誘する。勧誘するにあたって、私は同期生たちとは違った姿勢で臨んでいたようだ。もっと攻撃的なアプローチを取る者もいたけど、私は年下の少年たちを励まして、自信を持たせようとした。この環境に慣れずに神経質になっていた頃のことを忘れずにいたから、下級生たちを威嚇するのではなく、力になりたいと思ったのだ。

ティーンエージャーがはまりがちな悪習は避けた。消灯後、パブへ行く機会はいくらでもあったし、何度かは訪れたこともあるが、ほかの生徒たちみたいな酔っ払い方は決してしなかった。教師の中には自宅でビールを醸造している者もいて（当時は規則がずっと緩かった）、上級第六学年〔第六学年は下級と上級の二年から成る〕になると、先生たちと一緒に飲むことも何度かあった。でも、私は数年後に学校を卒業するまで、お酒にもパーティーにもあまりのめり込まなかった。たぶん、ふたつの理由があった。まずひとつに、私は清く正しいスポーツマンだったから、試合でのパフォーマンスに響くようなことは一切したくなかった。もうひとつには、寮長になりたかったから。もしも煙草を吸ったり、パブに入り浸ったり、ドラッグに手を出していたら、チャンスを逃していたかもしれない。要するに、まったくの模範的な生徒というわけじゃなかったけど、いい子ぶっていたのだ。

私は親に宣言したとおり、Aレベル試験の三教科のうち二教科で落第点を取った。いかにもティーンエージャーらしく、化学と物理は、答案用紙に名前を書くと、抵抗を示すべくすぐに眠ってしまった。

マレーシアに戻っているときに試験の結果がわかり、父さんは少しも喜びはしなかった。生物でD判定、化学でO判定（私の答案は普通級のOレベルとして採点されていた）、物理でF判定というのは、父さんが期待していた成績ではなく、私はもう一度がんばるようにとエプソムに送り返された。私は最終学年をやり直し、おかげでまたホッケーをプレーできて、今度は少しだけ良い成績を取った（生物でA判定、化学と物理でF判定）――が、高い学費に見合うほどではなかった。

母さんを早くに亡くしたことは、私に計り知れないほどの影響を及ぼした。母さんが私のためにどれだけのことをしてくれて、私もどんなに母さんを愛していたかわかっているのに、ちゃんとお別れできなかったことに、心を痛めていた。それでも、医師になるつもりはなく、二度目のチャンスを与えられても、両親の期待に応えようとがんばることはなかった。

そんなわけで、私はA判定をひとつと、スポーツの数々の勝利と、寮長の栄誉と、人の能力を最大限に引き出す方法を手にして、学校を卒業した。寄宿学校の友情は最高で、イギリスのパブリックスクールに対して先入観を持っている人もいるかもしれないが、エプソム・カレッジはそういう学校の典型ではなかった。エリート主義という感じはなかったし、学校の中で階級の壁を意識することもなかった。職員も生徒も気取りがない。まるで家族みたいで、みんなとうまくやっていく術が身に付いた。

成績は両親が自慢できるようなものじゃなくても、私はエプソム・カレッジで一体感、友情、チームワークについて多くを学んだ。ビジネスの世界においても、そのすべてを大切にしている。

第3章

荒野の時代

BGM：「イーディスと親玉」　ジョニ・ミッチェル

エプソム・カレッジを卒業したとき、私は一九歳だった。はっきりわかっているのは、医者になりたくないということだけ。やりたくないことがわかっていても、本当にやりたいことが何なのか、その答えを見つけるほうがずっと難しい。将来の計画もよくわからないまま、私は最近の多くのティーンエージャーがやることをした。そう、旅に出たのだ。私はこの期間を〝荒野の時代〟と呼んでいる。自分自身や人生についてたくさんのことを学んだけれど、経歴としては何の進歩もなく、世間をあっと言わせることもなかったから。

学校の友だちのミッジ・フィニガンと私は、行き先をアメリカに決めた。一九八〇年代のアメリカは実に刺激的で、その頃はまだ比較的簡単に仕事がもらえる機会にあふれた国とされていた。

航空運賃のお金はあったけど、アメリカ国内を見られるだけ見て回るには、働きながら巡るしかなさそうだった。私はどこかの時点で、学生の頃はお行儀良くしすぎたと思ったらしい。一七歳の頃の自分なら良しとしないようなやり方で楽しみはじめたのだ。

トランスアメリカ航空のニューヨーク行きチケットを買ったが、出発の直前に航空会社が破産してしまった。結局、私たちはデルタ航空で旅立ち、フライト中ずっと客室乗務員に話しかけてばかりいて、この後何度も経験することになるが、最初の底抜けに楽しい時間を過ごした。私たちは客室乗務員に好感を持ってもらえたらしく、ボストンのすぐ先にあるピーボディーという市にも誘われた。ニューヨークに着陸すると、クイーンズ地区のジャマイカにあるハワード・ジョンソン・ホテルに向かい、荷ほどきをしてから、仕事を探しに出かけた。私たちは一カ月ほどニューヨークで働いた後、ボストンへ行くことにした。

地図を見ると、ボストンはそんなに遠くなさそうだったので、〝サブコンパクト・カー〟を借りて——イギリスの基準だと、ベントレーぐらいの大きさがある車だ——出発した。目的地にたどり着くまで八時間かかった。私たちはその後もたびたび、アメリカのすべてのもののスケールを甘く見ることになった。

ニューヨークではバーで働いていて、数週間の宿泊費を支払えるだけの給料と、街を見て回る時間を確保できる仕事なら何でもした。仕事は楽しかった。ボストンに着くと、仕事の環境はさらに良くなった——どういうわけか、ボストン・レッドソックスの本拠地であるフェンウェイ・

パークで、〝三番手オルガン奏者〟の職にありつけたのだ。私はアメリカ人みんなが野球観戦中にすることをした。たらふく食べて、ビールをがぶ飲みしたというわけだ。

予定にはなかったけれど、ノースカロライナ州のガストニアに叔父さんが住んでいたから、ボストンでのどんちゃん騒ぎにちょっと飽きてくると、私たちはグレイハウンドの周遊券を使って、バスで南を目指した。

ノースカロライナでは、初めてアメリカについて本当の意味で学び、この国の社会がどれほど人種の壁に隔てられているかを理解しはじめた。ミッジと二人で仕事を求めて歩きまわっていると、私は出会った何人かの黒人にこう訊かれた。「何でこの白人と旅をしてるんだ?」

そして白人はみんなミッジに尋ねた。「何でインド人と旅をしてるんだ?」

私たちはノースカロライナ州のシャーロットの街にマーヴィン・ゲイを見に行ったが、そこにいる白人はミッジただひとりだった。現実の人種隔離がどういうものなのか、目を開かされ、あらゆる文化、人種、信仰をできる限り受け入れることが、いかに大切かを悟った。

ノースカロライナの後は、グレイハウンドの周遊券でオーランドに南下した。グレイハウンドのバスで移動できる回数には限りがあったので、最後の一回になると、もうちょっと西に向かってみようと決めた。地図を見て、サンフランシスコに行くことにした。またもや、世間知らずの私たちの目には、そう遠くなさそうに見えたのだ。三日半を経て、私たちはふらふらになりながら、バスからカリフォルニアの暖かい陽射しの下に降り立った。サンフランシスコからロサンゼルスへ下っていき、ラスベガス経由でイギリスに戻ることにした。目を見張ることだらけの旅の中で、ベガスでも最後に驚かされた。私はベガスが大いに気に入った――何もかもがチープで、明るく、色鮮やかで、オープンだ。これまでに見てきたどんなものとも、まったく違っていた。

ミッジはオーストラリアで旅を続けることを決めたけど、私はロンドンに戻ることにした。良い思い出を胸にアメリカを後にしたけれど、この国の社会で経験した人種の壁には驚き、心を乱された。マーヴィン・ゲイのコンサートはいつまでも忘れられないひとときで、人間は共に生き、共に働くべきだという考えが、このとき形作られた。当時のアメリカの人種隔離と、人々の内向きの暮らしぶりを目にしたことで、私は目を開かせられてロンドンに戻った。想像していたよりも世界はずっと広く、イギリスはとても小さく、考え方が消極的に思えた。アメリカでは、人種の壁には関係なく、成功は常に祝われた。人々は成功を誇示し、自分たちの成し遂げたことを自慢に思っていた。その頃のイギリスでは、人々はまるで成功することにばつの悪さを感じているみたいで、私は困惑した。どうして自らを卑下するのか、理解できなかった。私は常に前向きだ。前向きな考え方をしていれば、どんなことでもきっと成功を収められる。

私はロンドンでの暮らしを楽しんでいたが、父さんがパーティーを急に終わらせて、私をマレーシアに呼び戻した。故郷に帰る飛行機を予約し、ヒースロー空港で搭乗案内のアナウンスを待っていると、スピーカーから飛行機遅延の知らせが流れてきた。バーに向かうと、見覚えのあるクリケット選手の姿を目の端に捉えた。オーストラリア人の投手（ボウラー）で、口ひげがトレードマークのマックス・ウォーカーが、いくつか空のグラスを前に並べて、バーに座っている。マックスはオーストラリア代表としての偉大なキャリアの終盤にさしかかっていた。ジェフ・トムソンとデニス・リリーという攻撃的なオープニング・ボウラーの控えとして、たくさんのウィケットを倒してアウトの山を築いてきた。私は憧れのスターに舞い上がりながらも、近づいて自己紹介をした。私たちは一杯やり、もう一杯、あと一杯と飲んだ。きっと私は、故郷に帰るのはベストな考えじゃないと彼に言われたんだろう、航空券をシドニー行きに変更しようという考えが、頭の中で形作られはじめていたから。

その後、さらに現実離れした展開になり、ビリー・ジョエルが私たちと一緒に座っていた。何時間もバーに居座り、ささやかなパーティーがお開きになると、私は航空券を変更した。マレーシアに帰る代わりに、マックス・ウォーカーとシドニーへ飛び、到着するとミッジに会いに行った。控えめに言っても、父さんは喜ばなかった。

今回の旅も、私の目を開かせてくれた。オーストラリア人というのは偏見がなく前向きな人たちだとずっと思ってきたけれど、当時の多くの国民が示していたオーストラリア先住民に対する不快な態度にショックを受けた。クイーンズランドの人々が、先住民は撃ち殺されるべきだと言っているのも耳にした。人種差別、〝やつら対われわれ〟という姿勢は、私の心から離れず、アメリカで受けた印象がますます強くなった。数カ月間、農場で働いた後で、私はこれからの人生に何をしたいのか、決断するときが来たことに気づいた。

ロンドンに戻ってきたときには、二〇歳になっていた。一年間、外の世界を見て多くのことを学んだが、パーティーでどんちゃん騒ぎをするという新たな才能を発見したほかは、何も成し遂げていなかった。そのことが私の心を苛みはじめていた。私はメイフェアにあるキャヴェンディッシュ・ホテルでウェイターの仕事に就いた。ホテルの創設者であるローザ・ルイスの人生を描いたテレビシリーズ「ダッチェス・オブ・デューク・ストリート」のおかげで、ちょうど有名になっていたホテルだった。仕事はきつかった――午前五時に起床して、レストランの準備をし、給仕し、注文の多いお客に対応し、支配人から批判的な目を向けられながら、午後一〇時まで働きづめだった。

サービス業は過酷なものだ――どれほどの長時間労働で、肉体的にどんなにつらいか、世間の人々は理解していない。私はすぐに、世界中から集まって来て、少ない報酬のために懸命に働いている厨房スタッフやポーター、同僚のウェイターたちを尊敬するようになった。アメリカやオーストラリアの隔離社会での経験とは大違いだった。ここでは、人種も肌の色も関係なく、みんなが協力して働いている。こんな厳しい状況にあっても助け合っている姿を見ると、頭が下がる思いだった。

私はとびきりお洒落とは言えず、Tシャツとスウェットパンツで済ませられるなら、それに越したことはない。キャヴェンディッシュ・ホテルでは、白シャツとネクタイに黒いパンツの着用が義務づけられていた。外見に無頓着な性質は、働きはじめたばかりの頃から表れていて、ある朝私はひげ剃りに失敗して、襟に血の付いたシャツを着て出勤した。支配人に見られる前に、仲間のウェイターが私を止めて、綺麗なシャツを貸してくれた。翌日はもっと気をつけてひげを剃ったが、前日の仕事のせいでシャツがしわになっていて、アイロンをかけてくるようにと家に帰された。一緒に働くウェイターたちは、私のために気を配ってくれていたけれど、さぞかしイライラしていたことだろう。キャヴェンディッシュでの日々は、誰にとってもしんどいものだった——過酷な長時間勤務、恐ろしいほどの低賃金、劣悪な労働環境。だけど、あそこで生まれた友情は決して忘れない。

金持ちであろうと貧乏であろうと、肌の色がどうであろうと、どの宗教を信じていようと関係なく、みんなを受け入れるほうがどんなに良いか、私は実感した。だから誰とでも喜んで話すし、平等に対応している——それは、私の本当の強みじゃないだろうか。

公平について学ぶのと同時に、キャヴェンディッシュにいる間に、まともな教育を受けないとどんな将来が待っているかも思い知らされた。ぞっとするような将来だった。それで、私はAレベル試験を受け直すことを決め、今度は本当に学びたかった教科を選択した。歴史と経済を。バーミンガムに叔母が住んでいて、私はそこにある学費の安い予備校に通う間、叔母さんの家に泊めてもらうことにした。叔母さんは初めのうちは会えたことを喜んでくれていたが、私は相変わらずパーティーが好きで、一〇代の子どもたちに悪影響を及ぼすからと、二カ月ほどで追い出されてしまった。トラブルメーカーよ、永遠なれ！

生きていくのがどういうことなのか、この頃になってようやく理解しはじめた。私はモーズリーのスクール・ロードにあるワンルームを借りて、初めてひとり暮らしをすることになり、自活しなければならなくなった。そこには思いがけない発見があった。どんちゃん騒ぎはやめなかったけど、生活を安定させるのがどれほど大変なことなのか、そのありがたみがわかった。自炊したり、すべてを清潔に保ったり、家計をやりくりしたり、そのほか数え切れないほどたくさんのことを、自活するようになって初めて学ぶものだ。父さんがなぜつましい生活を送ろうとするのか、前よりもわかる気がした。

今回の試験では、ロンドンの大学に入れる成績を修め、会計士の勉強をすることになった。私がついに学問的な成果を挙げて、父さんは誇らしそうだった。大したことじゃなかったが、それでも正しい道へと進む第一歩だ。ところが、父さんが期待していたようには、事は運ばなかった。メイダ・ヴェールにあるウォリントン・クレッセントとランドルフ・アヴェニューの角に、一軒のパブが立っていて、その向かいには、アスファルトの海に浮かぶ緑の島みたいな、芝が敷き詰められたロータリーの円形広場があった。大学のことを思い出すと、まっさきに頭に浮かぶのは、その円形広場だ。私たちはそのパブに入り浸っていたようで、当時の記憶がやけに曖昧なのは、そのせいかもしれない。最終試験を受けるまで、大学にはあまり顔を出さなかった気がする。

パブでの活動に加えて、ややこしい複式簿記に延々と取り組むよりも、大学のさまざまなクラブ活動を通じて、もっと世の中のことを知ろうと思っていた。新入生歓迎週間に、メーンホールでいろいろな団体やクラブを見て回り、マレーシア・シンガポールの会に行き着いた。

そこにいた男子学生が顔を上げた。

「やあ。きみ、マレーシア人？　ぼくらのクラブに入りなよ。故郷とつながるイベントをいろいろやってるからさ」

私はとまどった顔で相手を見て、言った。「何でそんなことをしたいと思うんだい？　マレーシアとシンガポールのことなら知ってるし、ぼくは知らない世界に興味があるんだ……」

そして、ふらりとその場を離れた。相手はちょっとむかついていただろうけど、同じ国から来た人たちのグループに加わっても、何の意味もないと思ったのだ。代わりに私はブラジル人の会に参加し、サッカーが宗教になっている、私が訪れたことのない国について、さまざまなことを知り、有意義な時間を過ごした。

メイダ・ヴェールに住み、大勢の友だちと付き合い――エプソム・カレッジからの友だちも、ロンドンで知り合った友だちも、友だちの友だちもいた――私が講義に出席しようとしまいと、大学側は構わないようだった。お楽しみの時間だ。私はパーティーのために一日かけてフランスのカレーまでワインとビールを買いに行ったり、パリまでバンドの演奏を聴きに行ったりした。ポリスの野外コンサートに行ったときのことを覚えている。フランス人の観客は、前座のア・フロック・オブ・シーガルズに向かって、泥を投げつけていた。私はかなりいいバンドだと思ったのだが――ただ単に、フランス人はせっかちでしびれを切らしていたのだ。

時には、クリケットの聖地であるローズで一日を過ごした。試合を観るのはもちろんだが、終日バーが開いているのも、お目当てのひとつだった。

学校の親しい友人のひとり、ミック・マクブライドは、ノッティングヒルのラドブローク・ガーデンズにあるお兄さんのフラットを借りていて、一九八四年から八五年の間、私はその家に入り浸っていたようだ。ミックはいまでも来訪者名簿を取ってあって、私の名前が走り書きされたページが何枚もあったから、同居していたようなものだ。ミックと私は地元で開かれているパーティーに出かけるか、モノポリーをしてだらだら過ごした。もちろん、私が選ぶのはいつもレーシングカーのコマで、一時間で二度ミックを負かしたこともある。夜が更けるまで、ビジネスのアイデアについて話し合い、音楽に耳を傾けた――ジョニ・ミッチェルのアルバム『夏草の誘い』が私たちのお気に入りで、「イーディスと親玉」という一曲は、何度も聴きすぎてすり減ってしまったに違いない（二〇年近く後に、ジョニ・ミッチェルがマレーシアにやって来て、私はミックとあの曲をしょっちゅう聴いていたことを話した。彼女はミックのために新作CDにサインして、このアルバムを聴くことで幸せな思い出が甦りますように、と言ってくれた）。

ラドブローク・ガーデンズでミックとだらだら過ごしていた時期に、私はアクスブリッジ・ロードに引っ越した。QPRのホームスタジアム、ロフタス・ロードの目と鼻の先に。ミックはロフタス・ロードのバーでビールを注ぐ短期バイトをしていた。一九八五年六月、バリー・マクギガンと伝説のボクサー、エウセビオ・ペドロサの対戦〔WBA世界フェザー級タイトル戦〕を私は観に行った。劇的な試合だった。その夜はマクギガンが一五回判定勝ちし、ボクサーとしてキャリアの頂点に立つことになった。また、私にとっては、三〇年後にスポーツの本拠地になる場所と、初めてつながりができた時でもあった。

ロンドンのすごいところは、出かけたければ毎晩パーティーが開かれていることで、私は出歩いてばかりいた。たいてい最後には、ナイツブリッジにあるボルシチンティアーズというロシア料理のレストランの地下に落ち着き、遅くまで付き合える相手なら誰彼構わず一緒に明け方まで酒を飲んだ。

お察しのとおり、私は大学の勉強に関してはやっぱり少しも関心を持てずにいたが、ビジネスには興味があった。学生の例に漏れず、私も家賃を支払いながら、ぼったくられていると感じていた。けれど、多くの学生とは違って、何か手を打とうと決めた。私が自らに課した挑戦は、家を買うことだった。給料を受け取っているわけじゃないから、住宅ローンを受けるのは無理そうだ。それでも、私は何百人という投資顧問に手紙と電話で連絡した――何百人というのは誇張じゃない――が、笑われるかきっぱり断られるか、そのどちらかだった。私は諦めず、電話帳を調べたり、友人のつてを頼ったり、街を歩いて駄目元でオフィスを訪ねてみたりした。融資はできないと断られつづけ、諦めるべきだったんだろうけど、決して諦めようとしなかった。何度も断られて、さすがに自信をなくしかけていたときに、ストレタム・ハイ・ロードにあるアイリッシュ・ライフの仲介人に運良く巡り会った。ストレタムを訪れたことがなければ――特に八〇年代の様子を知らなければ――私がそこで取引のチャンスを得たことが、どんなにありえない話なのか、ピンとこないだろう。だけど、チャンスは到来した。私はその仲介人とすぐに意気投合し――私の目の輝きと、突飛な要求が気に入られたのかもしれない――彼は取引を提示した。私は父親から仕送りを受けていて、それを収入証明として使いたいと説明した。仲介人はどうにかうまく処理してくれた。私は二万六〇〇〇ポンドの住宅ローンを受けて、マスウェル・ヒルのコーニー・ハッチ・レーンに家を買った。これが私にとって初めての、正式な商取引ということになる。

その取引をまとめたのは、ショーマンシップを示すためでもあり、最初の銀行が間違っていることを証明したいという思いもあった。私はエプソム・カレッジ時代からナショナル・ウエストミンスター銀行（ナットウエスト）を利用していたが、ここを選んだ理由は、単にクリケットのスポンサーをしていたからだ（エアアジアでもブランド戦略の教訓は忘れずにいる）。

ナットウエストには早い段階で住宅ローンを申請していたが、支店長に笑われただけだった。いまとなっては責めるつもりもないが、そのときはすっかり頭にきていて、私のビジネスを認めないというなら、よそと取引してやろうと決めた。イギリスではクーツがいちばん格の高い銀行だと聞いたので、自分が重要人物だということを世界に示し、言い分が正しいことを証明したくて、大学からいちばん近いクーツの支店を調べた。家族が銀行と取引しているか、ロイヤル・ファミリーの一員でなければ、クーツに口座を開くのは不可能に近いという話だった。何といっても、クーツは女王陛下の銀行なのだ。

ナットウエストは失格だと判定した一週間後、私はフリート・ストリートにあるクーツの支店に向かった。表にはドアマンが立っていて――クーツの伝統だ――中に入れてもらうには、まずドアマンに自分の正しさを立証しなければいけないんじゃないかという気がした。私は板張りのオフィスに入り、いかにも銀行家という感じの、ダークグレーのスーツに燕尾といういでたちの威圧的な年配男性の前に座った。私は何年もの間ノッティングヒルでミックと考えてきたビジネスに関するアイデアを、すべて披露した。覚悟が伝わったのだろう、私はクーツに銀行口座を開くことを認められ、何よりも重要なことに、小切手帳を手に入れたのだ。八〇年代には、クーツの小切手帳はほかのどの銀行のものよりも大きく、見せると相手は決まって感心するのだった。ストレタムを訪れたときも、小切手帳を取り出すと、仲介人の表情が変わるのがわかった。こいつは大物だ、とその顔は言っていた。というわけで、二〇歳の頃には、私は自分の家を所有していた。それ以来、定期的に不動産売買をしている。

三年間のどこかの時点で、私は大学にも出席していたようで、最終試験を受けてどうにか合格点をもぎ取っていた。またしても、マレーシアで父さんはやきもきしていた。父さんは私の学費に充てるという理由もあって、私たちが育った家を売り払っていて、いまではいらだちを覚え、最後通告を突きつけてきた。

「アンソニー、会計士資格の勉強をするか、帰ってきてクアラルンプールで就職しなさい。何もしないのに、仕送りを続けるつもりはないからな」

これは効いた。私はすぐ会計の勉強のため、メリルボン・ロードにあるロンドン・スクール・オブ・アカウンタンシー（LSA）に入学した。会計士になるには、いくつもの試験に合格しなければならない。ともかく、これなら保証された仕事だ。会計士は常に需要がある。学校でもあまり真面目に勉強しなかったけど、レベル2と呼ばれる試験に何とか合格した。さらに地位の高い職に就けるよう、今度はレベル3の試験を受けることにして、エミール・ウルフ・スクールに入った。これまで高等教育を受けてきた中で、ここでの講義は初めて（そして最後だが）楽しめた――身に付けている知識やスキルが、現実の世界でどう活かされるのか、わかったから。私は具体的な財務管理のモジュールを直感的に理解した。

それでも、レベル3の試験まで残り一カ月になると、緊張して冷や汗をかいた。試験に合格しなければ、恥をさらしてクアラルンプールに帰り、ロンドンの暮らしとは永遠におさらばだ。私はロンドン大学のセネット・ハウス図書館にこもって、午前九時から閉館まで勉強し続けた。三カ月後、オルダーマストンにある叔母の家にいるときに、試験の結果が届いた。緊張のあまり、私は庭の隅へと走り、ひとりで封筒を開けた。

合格！

合格！
合格！

私は有頂天になった。会計士の資格が取れた。学問の面で初めて何かを成し遂げたのだ。合格を知らせると、父さんも喜んだ――学位についてはあまり評価していなかったが、これは功績と呼べるものだった。次に目指すべきは、社会に出ることだ。

いくつか小さな会社の仕事に応募し、何社かに採用され、ブルワーズという会計事務所に就職を決めた。会社には気に入られたが、私は嫌だった。経験してきた中で、最低の仕事だった。入社した瞬間から、自分の人生がうんざりするほど長い実刑判決みたいに、まっすぐ先へと伸びているのが見えた。私は会計監査の下級職員で、基本的にコピー取りが仕事だった。一五分ごとに仕事内容を報告しなければならず、タイムシートを書き込むことが、何より面倒だった――何もしていない時間が大半だったので、書くことを考えるのが大変だったのだ。数週間のうちに、私は音楽業界で会計士の仕事を探そうと決断した。ありとあらゆるレコード会社に応募しまくったが、ひとつ残らず断られた。

　いつものように、私は諦めず、やがて新聞広告にヴァージンＴＶの財務管理者の求人が出た。これがラストチャンスだと思いながら、私は応募した。面接の案内状を受け取り、ついに人生が好転しようとしているのだと思った。

　一九八七年も終わりに近づき、この頃には私は結婚して家を購入し、公認会計士という家族に恥をかかせることのない仕事に就いていた。もう離婚してしまった当時の妻とは、パーティー三昧だった時代に知り合い、早々とマズウェル・ヒルに居を構えた。彼女のプライバシーを尊重するため、これ以上の詳細は控えたい。

　というわけで、私という人間はこの〝荒野の時代〟に形成された。エプソムでは人間性が育まれたが、守られた環境の中で暮らしていた――食事、住居、お金、そのすべてについて、何の心配もいらなかった。しかし学校を出て、独り立ちしたことで、世界の原理と、どうやって生きていきたいかということを知った。何かが欲しければ、成功するまで諦めてはいけないことを学んだ。あらゆるつてをたどり、片っ端から仲介人に手紙を書き、アイリッシュ・ライフの担当者に出会わなければ、決して住宅ローンは組めなかったはずだ。手が届きそうにないものに手を伸ばそうとするなら、時には少しの見栄――この場合、クーツの銀行口座――も必要だ。それから、私は実践によって学習するタイプだということもわかった。無味乾燥な机上の教育では、教わっても面白くない。何かを完全に理解するには、それが現実社会でどう作用し、どんな効果をもたらすのか、確かめる必要があった。

　純粋な興味を持って、相手と会話し、耳を傾けることの大切さについても学んだ。私は世界のどこに連れていかれても、そばにいる誰とでもすぐにおしゃべりを始めるだろう。

ビジネスにおいても、人生においても、人とうまくやっていくには、相手の気持ちを和ませて、共通点を見つけることだ。相手の文化について多少なりとも知っていることは、大いに役立つ。あまりに多くのビジネスにおいて、自国の文化だけが採用され、視野が狭くなっているのは、残念なことだ。いまやビジネスはグローバル化されている。まだ先のことだが、のちにビジネスの世界で冒険する準備として、旅の経験は大いに役立つことになった。

第4章　音楽業界の仕事

BGM：「サンキュー・フォー・ザ・ミュージック」　ABBA

ヴァージンの面接は、あっという間に終わった。
「あなたがこの仕事に適任だと思う理由は？」
私は音楽に対する愛と、リチャード・ブランソンの経営姿勢とヴァージン・グループの成功にどんなに感銘を受けたかを話したが、この仕事や会社に貢献できそうな功績は、ひとつも挙げる
ことができなかった。
「なるほど、大変結構です、ミスター・フェルナンデス。それで、わが社で働くのに役立つご経
験は？」
そこが問題で、私にはそんな経験はなかった。面接は大失敗に終わった。音楽業界に近づくせ

っかくのチャンスだったのに、台無しにしてしまったのだ。生涯ブルワーズ会計事務所で働くという道が目の前に伸びている。途方に暮れてロビーに立っていると、そこへリチャード・ブランソンがやって来た。まさに〝スライディング・ドア〔映画のタイトル。「運命の分かれ目」の意味〕〟の瞬間だった――どう行動するかによって、私は二手に分かれた人生のどちらかひとつを選択することになる。彼に笑いかけてそのまま通り過ぎるだけの臆病者になるか、「おやっ」と思わせて興味をそそるようなことを言うか、どちらも自分次第。だから、私は声をかけた。

「どうも、リチャード、ぼくはマレーシア出身です」

興味を持ってもらうには、それでじゅうぶんだった。

「ここで何をしてるんだい？」

「仕事をもらいに来たのに、面接で失敗しちゃって」

「ははあ」。リチャードは私をしげしげと見つめた。「コーヒーでも飲もうか」

私のその後の人生において、これがどれほど重要な瞬間だったかは、計り知れない。

それ以来、私の基本理念のひとつは、ちらっとでもチャンスが見えたら、逃さず掴むということだ。それで結果が出なくても、失うものは何もない。けれど、チャレンジしてみれば、人生が変わるかもしれない。あの日、もしもリチャードを引き留めていなければ、音楽業界には決して入れなかっただろうし、どんな道を進むことになっていたかは知る由もない。

私とリチャードはコーヒーを飲みながら、マレーシアのこと、家族のこと、私の音楽への情熱、人生でやりたいことについて、おしゃべりをした。ここでもまた、ミック・マクブライドと思い描いていたビジネス案が役に立った。

二〇分後、リチャードはこう言った。「きみには見所がある。もう一度面接が受けられるよう、部長に話しておこう」。彼は約束を守り、私は一カ月後にはヴァージンTVに勤めていた。

リチャード・ブランソンの仕事に対するアプローチに、私は大きな影響を受けた。直感を信じて行動する彼のスタイル――社風に合ってさえいれば、その相手に何らかの役割を与えられるはずだと考えること――は、仕事をする上で私も見習っている。

ヴァージンTVで私は会計士の仕事を任せられた。振り返ってみると、ヴァージンは間違いなく時代の先端を行っていた。テレビ部門は三つに分かれていた。ポストプロダクション会社（525という名称で、最終的に私はそこに配属された）、デザイン会社、ミュージック・ボックス。ミュージック・ボックスはMTVのライバルで、のちにスカイと対抗するべくスーパー・チャンネルという衛星放送になった（複数の独立テレビ会社と共同所有された）。しかし、アイデアは先進的だったものの、技術面がまったく追いついておらず、受信するには家と同じぐらい大きなパラボラ・アンテナが必要だった。CGIグラフィックスを使った最初の会社でもあったんじゃないだろうか――こちらも、コンピューターはアパート一棟ぐらいの大きさだったが、アイデアは見事だった。

私はヴァージンの社風が大いに気に入った――ブルワーズの堅苦しさを経験した後なので、とても新鮮だった。私がどんな恰好をしていようと、何時に出社しようと、誰もとやかく言わない。フレンドリーで開放的、ペースはのんびりしているけど、クリエイティブな職場だった。半年後、私は525の社長の目に留まり、財務管理者に異動させられた。ぞっとすることに、525の現金出納帳には〝マリファナ〟という記帳があり、賃借対照表は帳尻が合わなかった！　このふたつの事実に関連があったのかはわからない。

いまでは合理的で健全だと思われても、八〇年代にはヴァージンの社風は急進的だった。それに、〝ええい、とにかくやってしまえ〟と勢いに任せて、革新的なことに取り組んでもいた。最近でも、スプレッドシートや見積もり、予測にがんじがらめになるあまり、新規プロジェクトや戦略のタイミングを逸している企業が目につく。私はそれを分析停滞（アナリシス・パラリシス）と呼んでいる。結局、自分が正しいと感じるときは、実際に正しいものであって……エクセルの表をいくら作成したところで、より良い決断ができるものじゃない。数十年も前のこの時期に、私はヴァージンでこういう取り組み方の姿勢を植えつけられた。

初めのうちは、帳簿の内容がさっぱり理解できなかった。ガールフレンドに電話して、どの数字をどこに収めるべきなのか、教えてもらっていたものだ。するとある日、すべてがカチッとはまった。私は計算を一気に片付けていき、その作業を楽しんだ――われながら意外だったけど。

私がヴァージンに勤めて二年が経つ頃、リチャードが航空会社を立ち上げようとしていることを発表した。いまとなっては笑い話だが、当時の私は、リチャードがおかしくなったのかと思った。資金調達のため、音楽ビジネスを売り払うつもりだろうと思い、私はそれが嫌だった。それで、ほかの仕事を探しはじめた――ヴァージン・グループでの仕事はテレビ方面だったが、いつかはやっぱり音楽の仕事がしたいと思っていた。ヴァージンが音楽ビジネスを手放すとなれば、憧れの仕事からますます遠ざかることになる。

ある朝、通勤中に「タイムズ」の求人にざっと目を通していた。混雑した地下鉄の車内で、周りが人でぎゅう詰めだったため、新聞を完全に開くことができずにいた。スポーツ欄に移ろうとしたとき、ワーナーミュージックのロゴが目に入った。私が知る限り、ワーナーは音楽業界の中心だった。よくかけていたレコードの多くは、ワーナーから発売されたものだ――チャカ・カーン、フリートウッド・マック、ジョニ・ミッチェル、マドンナ、プリンス。長年CEOを務めているスティーブ・ロスのことも少しは知っていた。彼のリーダーシップのスタイル――それぞれの仕事について、よく理解している人間に全権を委譲するという無干渉主義――は、時代を先取りしていた。テレビに関しても先見の明があり、特定の興味を持つ視聴者向けの専門チャンネル、MTVやニッケルオデオンなどを開設した。数々の才能あるミュージシャンを発掘して育て上げてきた、モー・オースティンやアーメット・アーティガンといった業界の伝説的人物も、最終的にワーナーに定着した。それまでの私の人生の〝BGM〟は、彼らが生み出した音楽――レイ・チャールズや、旧アトランティック・レーベルのソウル・ミュージックすべて――で構成されていた。ワーナーは、私のミュージック・コレクションの七五パーセントを占めていた。私はその求人をじっくり読むため、次の駅で地下鉄を降りた。

募集の職種は、ワーナー・インターナショナル部門の財務アナリストだった。ヴァージンでの財務管理者よりも立場は低いが、それは気にならなかった。私はヘッドハンターを通して面接を受けることになり、ベーカー街にあるオフィスで、ワーナー・ワールドワイドの経理財務副部長を務めるドン・スウィーニーと面談した。業務内容は、担当する地域の各国について、財務実績のレポートを作成することだった。

採用が決まると、派手に祝った。私はまだ若く――二六歳ぐらいで――音楽業界に入ることができたのだ。確かに、A&R〔レコード会社で新人発掘や制作などに関わる職務〕じゃなく財務の担当だが、特定の業界で働きたければ、とにかくまずは足掛かりを作ることだと常々考えている。ひとたび飛び込んでしまえば、どうすれば進みたい方向へ進めるのか、ずっと有利な立場から考えられるのだから、職種にこだわる必要はないのだ。ちなみに、私はエアアジアでも、いつもそう奨励している。

初日から私は仕事にのめり込んだ。私の担当する地域は、スカンジナビア、イタリア、ドイツだった。前任者のレポートを読み、ほかのアナリストたちの報告に目を通すと、彼らはわかりきったことを機械的にくり返しているだけだという印象を受けた。既に数字が示していることを、言葉で表しているだけだと。分析と言えるものではなく、ただの注釈だ。そこで、私は数字の裏に隠された事情を探りはじめた。ストックホルムやローマに飛び、レポートがもっと役立てられるよう、それぞれの土地の市場で何が起きているのか理解しようとした。

この仕事には特典があった。マーケティング部に立ち寄ると、発売前のサンプルCDがもらえたのだ。私の音楽コレクションは、これまでにない勢いで増えていった。オフィスではいつも音楽が流れていたので、過ごすには最高の場所だった。

だが、私が給料の支払いを受けている具体的な仕事――無意味なレポートの作成――には、ひどくイライラさせられた。〝最前線にいる〟人たちの見識や情報を追加しても、何だか六〇年代のレポートにしか見えない。私は上司に相談し、大きな賭けだと承知で、フォーマットと書式を変更しても良いかと尋ねた。上司は駄目だと言って譲らなかった。これまでずっとこのやり方で来ているし、社長はこの形で数字と分析を見たがっているのだから、と。私はそれでも、時代遅れのやり方だと思っていた。

ハーバード・グラフィックスのスプレッドシートのソフトを購入し、レポートにグラフとチャートを加え、各地域の市場分析と洞察も織り交ぜた。ある晩遅く、上司がこれを見たら私は即刻クビにされるかもしれないなと思いながら、そのレポートを送信した。音楽業界で働くのは最高だったけど、正直言って、日々の仕事は最低だった。だから、違うことを試してみても、失うものは何もないと思っていた。

翌日、オフィスに入ると、部署の人間がみんなひとつのパソコンの周りに集まって、画面を見つめている。近づいてみると、みんなが見ているのは私のレポートだと気づいた。私は思った、

「そうか、これで本当におしまいか。荷物をまとめて、出て行ったほうが良さそうだ」。そして、どうしてみんなでそのレポートを見ているのかと尋ねた。

「こんなに見事なレポートは見たことがないって、会長が言ってるんだよ」と、ひとりが答えた。

スティーブン・シュリンプトン――当時のワーナーミュージックのナンバー2――に、私は呼び出された。その頃にはもう、スティーブンはワーナーでは伝説的な人物になっていて、ワーナー・インターナショナルのCEO兼会長にまで昇進していた。威圧感のある人物でもあった。すぐにカッとなって怒鳴り散らし、人に物を投げつけた。年配者はそんなことをしても許される時代だった。だけど、私はスティーブンにとても気に入られた。

仕事をしていく中で、ある行動が自らを助けるか、あるいは邪魔をすることがある。あのレポートを送信した瞬間に、私は大きくステップアップした。

レポートを送るほんの少し前に、私はマレーシアで休暇を過ごした。そして滞在中に、ワーナー・マレーシアのCEOでオーストリア人のギュンター・ツァイターのもとを訪ねていた。私がマレーシアに戻って向こうの仕事を手伝う可能性について、二人で話し合った。だから、スティーブンと面談したとき、マレーシアの話をすると、彼はいつか私を本部長として派遣しようと提案した。二年後、スティーブンがまたその話に触れると、私はチャンスに飛びつき、契約内容（パッケージ）について訊こうともせずに、すぐに「イエス」と答えた。目の前に差し出されたチャンスをすばやく捉えるべき瞬間というものがあり、私が思うにスティーブンという人間は、ぐずぐずためらうのを良しとしなかった。そんなわけで、私は思い切ってやってみることにして、それによって人生が変わった。

当時の妻と私は荷造りをして、マレーシアへ豪勢な旅をした――コンチネンタル航空のファーストクラスを利用する世界周遊券を買ったのだ。私たちはニューヨーク、フロリダ、サンフランシスコを巡った後で、マレーシアへ向かった。ガトウィック空港から旅立つときは、胸に来るものがあった。私は一生イギリスで暮らすのだろうと、ずっと思っていたから。エプソム・カレッジに入学して数週間が過ぎた後は、この国にすっかりなじんでいた。イギリス流の暮らしとユーモアのセンスを大いに楽しんでいた。あまりにもイギリス人らしくふるまうものだから、友だちからは〝褐色のイギリス人〟と呼ばれていたほどだ。

マレーシアに到着するとすぐに、新しい仕事と環境の現実にぶち当たった。ロンドンで暮らし、働いてきた後だと、クアラルンプールは小さく、孤立した田舎に思えた――今日のような繋がりはまったくない都市だった。私は会計士であり、音楽の仕事をしてきた人間ではなく、マレーシアや東南アジアのミュージックシーンについて何も知らなかった。新しい同僚たちが最も気にしていることは、私には管理者としての経歴がないことだ。傍から見れば、私が任命されたのは奇妙に映ったことだろう。早い段階で、スタッフが私のボイコット計画を立てていることがわかった。何も知らない若造だと思われていたのだ。その考えは、あながち間違っちゃいなかった――

何せ、私はまだ二八歳だったのだから。

働きはじめると、みんなとフレンドリーに接し、個人的にも仲良くやっていったので、私に対するみんなの態度は変わった。さらに、仕事のやり方を変えて、一人一人にもっと責任を持たせ、自主的に仕事に取り組むよう促した。それ以来、私はそのスタイルでリーダーシップを取っている――社員を全面的に信頼し、やるべき仕事に自発的に取り組んでもらうのだ。時には頭の痛い結果になることもあるが、立派な人間は自分のしていることをわかっているという基本的な理念に基づいて仕事をしたいと思っている。〝多角的に検討する〟マネジメント方針を採用し、社員が言おうとしていることに、しっかり耳を傾けた。それぞれが何に取り組んでいるかを理解し、仕事に情熱と信念をもたらせたんじゃないだろうか。帳簿を整理してスムーズな流通を促進することで収益は改善したが、何よりも重要な変化を起こしたものは、私のエネルギーだった。

経営面に不安はなかったが、国内の音楽については、学ぶべきことが山ほどあった。そんなわけで、色々と聴いてみることにした。A&Rのナセル・アブドゥル・カッシムにマレーシア音楽を用意してもらい、テープをかけて、アーティストと契約するべきか検討した。当時の音楽シーンはぶっちゃけ守りに入っていて退屈で、自分たちがプロデュースして発売しているものより、もっと良い新しい音楽があるはずだと思っていた。リリース作品は売れていたが、やったぞとスタッフに口では言っていても、実際はわくわくできずにいた。

私はマレーシアの音楽シーンをまるごと改革する必要があると考えていた。するとある日、ロスラン・アジズという男が、私のオフィスに入ってきた。ロスランはレジェンドだ――プロデューサー、ミュージシャン、レコーディング・アーティストとして、マレーシアの偉大な音楽を数多く生み出してきた。ナセルはもうロスランと契約を済ませていたが、彼は新曲のテープを聴かせに来たのだ。ロスランは私を素人だと思って、大金を引き出せそうだと算段していたのかもしれない。音楽が流れた瞬間から、私はぶっ飛んだ。ほかにない、独特の音楽だった――〝グレイス・ランド〟とマレー・ポップが融合したような。今風の音楽であると同時にマレーシア音楽でもあり、そこが大きな違いを生んでいた。私は国内の才能を発掘したいと思っていたが、その相手がここにいる。ずば抜けた才能の持ち主と、正面から向き合っている。この音楽は世界のマーケットに売り込めると心から思った（残念ながら、そうはいかなかったが――こういう音楽を世界的に展開するには、アーティストが西欧人の顔をしているか、映画のサントラに収録されなきゃいけない。ブレークこそしなかったものの、それでも刺激的な音楽だった）。

ロスランはスタジオでは細部にこだわり、作業に時間がかかり、少しばかり気難しいタイプだと評判だったが、妻のシーラ・マジッドやザイナル・アビディンなど数人と、ＲＡＰ（ロスラン・アジズ・プロダクションズ）というレコードレーベルも持っていた。私はその中から優れたマレーシア音楽を発掘して世に送り出したいと思い、彼のレーベルをワーナーミュージックで買収することを決断した。契約内容をまとめることになり、交渉の席に着いたＲＡＰの財務担当者、カマルディン・メラヌン・ディンは、彼らに有利に交渉を進めた。

結局、こちらは大金を投じたものの、仕事が遅い完璧主義者だというロスランの評判は正しいことが証明された。この買収は、ワーナー時代に私が犯した最大の失敗のひとつになった。彼らと制作したアルバムはたった三枚で、どれも商業的にパッとしなかった。音楽は最高だったのに、複雑すぎて市場では振るわず、マーケティングに費用をかけたにもかかわらず、結果的には売れなかった。アルバム制作にあまりにも時間がかかりすぎたため、ＲＡＰの本質も捉えることができなかった。とはいえ、すべてがロスランの責任だったわけじゃない。私がアーティストをきちんと管理せず、自由にやらせていたせいでもある。才能ある人間を見つけると、相手を信頼して任せきってしまうのは、私の欠点だ。時々、相手を信じすぎてしまうことがある。ＱＰＲでも、最初の数シーズンはそうだった。最近では、事態があらぬ方向に向かう前に察知できている――ふたつの失敗はあったが、いまではもっと警戒するようになった。

この契約で良かったことのひとつは、ディンと出会えたことだ。私は彼にこう言った。「次回、交渉することがあれば、きみにはテーブルのこちら側について欲しいな」。これが、私の人生で最も大切な縁の始まりとなった。

ワーナー・マレーシアの変化のスピードはめまぐるしく、息をつく間もないほどだった。半年後、スティーブン・シュリンプトンと何人かの上役が視察にやって来た。私たちは会議室に座り、仕事のプレゼンを行い、次のシーズンにどんなアルバムやアーティストを売り出すか検討していた。私があるアーティストについて説得を試み、みんながしぶしぶ同意することになった長い議論の後で、スティーブンがこっちを見て言った。「きみがすべてを取り仕切っているな、CEOになったほうがいいんじゃないか」

当時ワーナー・マレーシアのCEOだったギュンター・ツァイターも、そのとき同じ会議室にいたのだが——アメリカ人というのは、こんなふうに無遠慮なところがある。ところが一週間後、マレーシアのロックの女王〝ラトゥ・ロック〟エラがEMIに移籍したことの責任を問われ、ギュンターは解雇された。誰だか契約書の作成者が、エラの次のアルバムの第一先買権を認めるオプション条項と呼ばれるものを契約内容に入れ忘れていたのだ。これはわが社にとって最大の失敗になり、ギュンターにとっては致命傷になった。というわけで、私は二八歳にして、ワーナー・マレーシアのCEOを引き継いだ。

クアラルンプールに戻ってきてからは、家族で過ごす時間が増えていた。娘のステフが生まれたばかりで、週末はたいてい父さんに会いに行って昼食を取るか、父さんと妹とのんびり過ごした。すばらしいひとときで、そういう時間を持てたことに感謝している——母さんの命が無慈悲に奪われたこともあって、なおさら。

けれど、仕事が軌道に乗り、私生活も落ち着いて、マレーシアに帰ってきてからの暮らしを楽しみはじめた矢先に、父さんが体調を崩し、肺気腫で亡くなった。あの世代の人間の例に漏れず、父さんはヘビースモーカーだったとはいえ、やっぱりショックだった。母さんと同じく、あまりに早すぎる死だったけれど、少なくとも父さんは幸せな死を迎えたと思っている。私の成し遂げたことを認めてくれはしなかったが、ようやく家族と仕事の成功を収めつつあったことを、喜んでくれていたようだ。もちろん、直接言われたことはないが、父さんの友人を通してそう聞いた。

母さんが亡くなったときは、悲しみをスポーツにぶつけた。今回は、アーティストの契約に集中した。手当たり次第にバンドを獲得し、社を挙げて積極的に動き、欲しいミュージシャンを激しく奪い合い、最高の条件で取引できるよう厳しい契約交渉をした。

一九九三年、A&Rのナセルがイスラム教系のバンドを連れてきた。グループ名はライハンといい、メンバー五人全員がボーカルをとり、バック演奏は最小限にとどめるスタイルだった。私は彼らの歌を聴くとすぐに、契約したいと思った。当時のマレーシア音楽といえば、マイナー調の、甘ったるいラブソング、悲しいバラードばかりだったが、ライハンのハーモニーにはエネルギーがあり、その声には純粋な響きがあった。五人の男たちは緑のシャツを着てメークをしていた。私はすっかりハマってしまった。

彼らはクアラルンプールでアル・アルカムのコミューンに暮らしていた。アル・アルカムは、物議を醸しているイスラム運動組織で、カリスマ的な指導者のアシャーリー・モハマッドが率いていた。コミューン自体は、食料、水、教育、社会構造に関する限り自立していて進歩的だが、政府に監視されているともっぱらの噂だった。コミューンを訪れると、私はその全体像にちょっとばかりびびってしまい、危険を冒してまで契約するには値しないと、しぶしぶ決断した。案の定、一九九四年の一〇月に、アル・アルカムはマレーシア政府によって活動を禁止された。禁止から一年後、プロデューサーのファァリヒン・アブドゥル・ファタと共に、ライハンが戻ってきた。相変わらずメークをしていたが、今回は白い服を着ていた。会社のみんなは懐疑的だったが、私は構わずすぐに契約するようナセルに指示した。宗教音楽には大手のレコード会社も代理店も手を付けていなかったので、どう転ぶかわからない賭けだった。けれど、アルバム『プジ・プジアン Puji-Pujian』の制作を支援し、ビデオクリップの撮影に費用を投じると、これがブレークした。一九九六年にリリースされたときの初回出荷分は五〇〇〇枚だったのが、世界で三五〇万枚を売り上げた。大ヒットだ。

音楽で人種、宗教、文化の境界線を超えられたことは、思いがけない喜びだった。当時のマレーシアでは、中国人は中国の音楽を、マレー人はマレーの音楽を買って聴くといった具合だった。国中の人々が同じ音楽を聴いているというのはこれが初めてで、マレー人、中国人、インド人の姿を同じコンサートで見るのも初めてだった。ライハンが古い型を破ったのだ。

ライハンのセカンドアルバムの制作にあたって、私はユスフ・イスラム（旧名キャット・スティーブンス）を共同制作者として迎え、ロンドンで二曲ほど一緒にレコーディングした。ユスフはマレーシアにいるときにライハンを見て、音楽を通してイスラム教を広めているところを気に入っていた。私たちはライハンを世界的に売り出し、それ以来彼らはツアーを続けている。それに、ライハンのメンバーは、人としても優れていた――イスラム世界のスーパースターになっても謙虚であり続け、ファンにサインするためいつも居残り、ギグやイベントの後の掃除や椅子の片付けを手伝ってくれた。名声でも成功でも変わらない、あらゆる面で立派な男たちだった。

ライハンに加えて、各地方で人気の宗教音楽を商業的に売り込んで市場を開拓した。これは非常に高い収益を上げられたので、もっとリスクの大きな賭けの資金ができた。

私たちがライハンで宗教音楽をメーンストリームに組み入れると、そのほかの国内音楽のスタイルも後に続いた。ヒンドゥスタン、アラビア、マレーの音楽の伝統を独自に融合させた、〝ダンドゥット〟と呼ばれるジャンルがある。これは〝下層階級の〟音楽と見なされていて、大手レコード会社の支持を得られずにいた。だけど、私は階級なんてどうでも良かった。問題なのは、市場があるか、収益を上げられるかということだけだ。このふたつの疑問に対する答えは、ビッグな「イエス」だった。私たちはダンドゥット音楽をコアなオーディエンスにアピールするよう制作し、大急ぎでコンピレーションアルバムやCDを発表した。全力を注いでダンドゥット音楽を宣伝し、インドネシアとマレーシアではなかなかの売り上げを記録した。購買者層は裕福な人々ではなかったので、マレーシア南部にあるジョホールバルのスタジアムで無料コンサートを開いた。私はこの種の音楽を〝マカレナ〟や〝ランバダ〟と同等に見なしていて、世界的にヒットすることを期待した。

私はワーナーのためにこうした戦略を推し進めていたが、東南アジアの音楽業界全体を見ると、まだまだ遅れていた。ヨーロッパやアメリカのレコード会社の仕組みを参考に、私は業界の上部構造を創ろうと取り組みはじめた。ヒットチャート、アカデミー、マレーシアレコード協会（RIM）。製品を市場で売るだけではなく、まだ存在しない市場を生み出すことが必要だと考えた。自社だけじゃなく、業界を専門化することは、必ず利益を生む——業界全体のレベルが上がれば、さらなる成長がもたらされるものだ。

業界全体にわたる取り組みの一部として、著作権侵害の取り締まりがあった。違法行為はアジアのビジネスを疲弊させていた。一九八九年に発表された国際レコード・ビデオ製作者連盟の報告書によると、バンコクで売れたカセットテープ総数の九五パーセントが海賊盤だということだった。海賊盤が存在しない唯一のカセットは、タイ国王プミポン・アドゥンヤデートが作曲や演奏を行ったジャズソングのコレクションだけらしい。いかなる形でも王の名前を不敬に利用することは犯罪行為になるというのが、大きな理由だ。マレーシアでは、海賊盤の割合は五〇パーセントを占めていた。違法行為のせいで、毎年数百万ドルもの損失が出ているのだ。

著作権侵害を取り締まるには、違法行為を働いているギャングのもとに乗り込んでいくしかない。だから、私は実行した。著作権侵害を撲滅すべく、警察と協力した。たいていは夜が更けてから、マレーシア国内取引・消費者省長官のダトゥク・パハミン・アブ・ラジャブと私は、倉庫に踏み込むゴーサインを待っている四〇人の武装警官たちと共に、警察車両の後部に座っていた。クアラルンプールの工業団地にあるいまにも崩れそうな建物の中で、CDがコピーされて、路上で販売するために出荷されていた。当然ながら、捕まえられたのは下っ端の連中ばかりだったが、私は会社とアーティストの利益が奪われるのを何もせずじっと見ているよりも、何か行動を起こすことが重要だと思った。それがどんなに危険なことでも、自分が信じる大義のために前線で戦うのは、リーダーとして大切なことだと考えていた。

国内の優れた才能を発掘し、育て、売り出すのと同じく、私たちは常に世界的なスターも探していた。ワーナーグループの一部として、決められた西洋のバンドを受け入れ、流通させていたが、まだワーナーが目を付けていないアーティストを見つけることに比べると、達成感が得られなかった。そんな中で、ザ・コアーズは、その成功に心底喜びを覚えたバンドのひとつだ。親しい二人の友人、伝説のプロデューサーのデヴィッド・フォスターとアーティスト・マネージャーのブライアン・アブネットが、一九九七年にザ・コアーズのCD『トーク・オン・コーナーズ』をくれた。私はすごく気に入って、ワーナー・アジア班のみんなに聴かせた。当時は、EMIから二人の人間が移籍してきたばかりだった。リージョナル・マーケティング部長のカルヴィン・ウォンと、ワーナー・アジアの代表取締役であるラッキー・ラザフォードだ。カルヴィンは有能だが、私の提案にはいちいち反対したがった。アジアで売れるかはわからないと言って、ザ・コアーズを売り出すことを拒んだ。

それでも私は話を進めて、契約を結んだ。このバンドの背景にある物語が気に入ったのだ――メロディーとハーモニーを奏で、ラウス州ダンドークにある叔母のパブで一緒に演奏することを学んだ、アイルランド出身の才能ある四人兄妹（三人の美しい妹を含む）。彼らは映画『ザ・コミットメンツ』に出演していたが、本格的にブレークしたのは、アメリカ大使に一九九四年のＦＩＦＡワールドカップに招待され、ボストンでパフォーマンスしたのがきっかけだった。

まだアジアでは知名度がなかったが、マーケティングと宣伝に工夫を凝らし、一九九八年九月に開催されたコモンウェルスゲームズの閉会式に招いて、クアラルンプールで演奏してもらった。動機づけとしては良い舞台だったけど、説得にあたって私は罪のない嘘もついた。女王に紹介すると言ったのだ。実現しそうなところまではいったのだが、結局はかなえられず、メンバーはしばらく私に呆れていた。でも、コモンウェルスゲームズのおかげで、ザ・コアーズのアルバムはその年に最も売れた一枚になった。私は危険を冒すことにはなったが、見事に成功したのだ。

私たちは驚異的なペースで新しいアーティストと契約し、アルバムをじゃんじゃんリリースしていき、ついにはまずい結果になった。あまりにも多くのアーティスト――新人もベテランも――の作品を大量にリリースしたものの、どうにも売れずに大量の返品にあうはめになり、九〇年代後半は苦しい数年間を過ごした。

その時点で、スティーブン・シュリンプトンが私に会いにきて言った。「落ち着け！　そんなに事を急いでどうする。時間ならあるんだ。じっくりやれ」

私は彼のアドバイスに従った。ラインナップを減らし、やたらと数を打つのではなく、中心となるアーティストに注力するよう仕切り直した。ビジネスは持ち直しつつあり、いっぱしのやり手としての私の評判も回復しはじめた。それからも〝事を急ぐ男〟として非難されることはあり、私としてもそれは自覚している。物事があまりにもうまくいきすぎると、ついつい本業と最重要任務を果たすことから気が逸れてしまいがちなのだ。

出世の階段を上りつづけたいという欲求にも気を取られていた。私はワーナーで高い地位へと駆け上がり、東南アジア地域の代表取締役になることを見据えていた。野心に駆り立てられていたのもあるが、東南アジアに協調的な市場を創り上げることにも価値を見いだしていた。私がしきりに昇進をせがむのを、スティーブン・シュリンプトンは受け止めていたけれど、アジアの経営にあたる上層部が安定するまではと、決断を先延ばしにしていた。役員がしょっちゅう入れ替わっていたせいで問題が生じていたので、スティーブンはある程度安定してから私のために動くつもりでいた。

カルヴィン・ウォンとラッキー・ラザフォードは、その安定をもたらすためにEMIから引き抜かれたわけだが、理由はどうあれ、彼らは私が気に入らないらしく、どうやらうまいこと辞めさせたがっているようだった。一流のチームが参入するときは、しばしば自分たちの仲間で周りを固めたがるものだ。とはいえ、厳密に言うと一九九九年に私は確かに昇進したが、一時的な方策としか思えなかった。カルヴィンもラッキーも、私のことを目的にかなう人間だとは思っていなかったが、どう対処すべきか決断するまでの間、私に仕事を与えていた。

新しい仕事には、アイデアを発展させる余地がなかった。東南アジア地域にふさわしい構造を造りたくても新しい上司は支援してくれず、それまで好きだった雑多な仕事ができるほど若くもなかった。行き詰まりの兆しは見えていたが、最後に一枚、制作しておきたいアルバムがあった。

大物スター歌手のひとりに、S・M・サリムがいた――マレーシアではフランク・シナトラ級の有名歌手だ。彼は長年にわたってワーナーに所属していたが、私がマレーシアに来るまで売り上げが落ち込んでいた。一九九二年にザイナル・アビディンと一緒に歌わせると、それがロングセラーになった。その後、サリムは引退アルバムを制作したいと言ってきた。ナセルと私は、すばらしい考えだと思った。私たちは彼を、マハティール首相が長年温めてきたプロジェクトであるマレーシア・フィルハーモニー管弦楽団と組ませ、シティ・ヌールハリザを口説いて参加を取りつけた（サリムがマレーシアのフランク・シナトラなら、シティはセリーヌ・ディオンかマライア・キャリーといったところだ）。ここまで大がかりなジャンルを超えたライブアルバムは、これまでにない試みだった。コストはかかったが、大成功を収めることになり、結果的にはワーナー、管弦楽団、アーティストのそれぞれに大きな収益をもたらした。首相はコンサートを訪れ、続いてS・M・サリムに大きな名誉となるタン・スリの称号を授与した。サリムは誇らしさでいっぱいになっていた――そして私もだ。音楽業界の仕事では、これが私のキャリアの頂点だった。このアルバムは二〇〇一年の一月にレコーディングしたもので、五月にワーナーを辞める前に私が携わった最後の作品となった。

辞めるときが来るのは、ずいぶん前からわかっていた。行き詰まったキャリア、東南アジアに対する野心を阻まれたこと、大企業では変化のペースが遅いこと、それらすべてへのフラストレーションは退職に踏み切らせた原因になっていたが、決め手になったのは、デジタル配信に対する業界の反応だった。レコード会社は現実を直視しようとしないか、軽視するかのどちらかだった。私の見解では、テクノロジーが普及しているのだから、止めようとしても仕方ない――だったら、連携して利益を得ようとするべきだ。これではまるで、自動車が登場したのに、配達業者が揃って馬を使いつづけると言った当時みたいだ。ナップスターなどの配信会社に委ねっぱなしにするのではなく、音楽を聴くこの新しい形を受け入れ、その可能性を探って最大限に活用するべきだと私は思っていた。だから、業界のひとりよがりの反応には辟易してしまった。

いま、私はそういう瞬間を見逃さないよう、常に目を光らせている――劇的な変化に向かわせる、先端を行く革新的なものに。エアアジアやその他のビジネスの動きが鈍くなり、新技術を予想したりすばやく反応したりできずにいると感じると、いつも心配になる。ビジネスで大事なのは、機敏であることと、プロセスや委員会やワーキンググループの重圧を受けずに動けることだ。成功していた企業が、テクノロジーや市場の変化に気づかなかったり、すばやく対応できなかったりするせいで、没落していくという例は、枚挙にいとまがない――伝統に基づいた製品を脅かす技術の変化に対応できなくて、コダックやノキアやたくさんの小売店が没落していった。ビジネスでは、こうした進化を認識し、対応していく必要がある。

ワーナーを辞めたのは正解だった。業界が革新を拒んだからだけじゃなく、私が興味を失いかけていて、そのせいでパフォーマンスが低下しはじめていたことも理由にあった。「最高の状態で、最善を尽くす」ことを常に心がけてきたが、置かれている立場を考えても、この業界のために何もできないところまで来ていた。日々、給料に見合った働きをして稼ぐべきだ、という強い信念を持っているので、これは私にとって問題だった。QPRを買収したとき、困惑したことのひとつは、大金を稼いでいながら、試合に全力で臨まない選手がいたことだ。給料をもらっておきながら仕事に打ち込まずにいられることが、理解できない。私としては、自分のしていることに自信が持てないせいで、パフォーマンスが低下してきたとき、もう潮時だとわかった。

二〇〇一年の初めにワーナーの上級役員たちと面談し、退職条件について合意に達した。クアラルンプールのMUIプラザにワーナーのビルはあるが、そこのオフィススペースと優秀なアシスタントのキム、それに社用車も引き続き使わせてもらえるよう交渉した。これからどんな冒険が待っているにしても、オフィスを保有していれば役に立つだろうと思ったのだ。会社側としては、片付けなければならない未処理の仕事が山ほどあることはわかっていたので、私がオフィスを使いつづけることは、誰にとっても好都合だろうと考えた。

音楽業界で過ごした時間は楽しかったけど、ワーナーを辞めることに未練はなかった。ここに至るまでに、すばらしい人々との出会いがあった。ディン、マーケティング部長として参入しワーナー・シンガポールを取り仕切っていたキャスリーン・タン、ワーナー・タイのCEOを務めていたタサポン・ビジュヴェルド、インドネシアのセンジャヤ・ウィジャヤ、フィリピンのマリアンヌ〝マーン〟オンティベロス、などなど。各国で送別会が開かれ、どのパーティーでも必ずこの二曲が流された。ＡＢＢＡの「サンキュー・フォー・ザ・ミュージック」とＲ・ケリーの「アイ・ビリーブ・アイ・キャン・フライ」。過去をふり返る曲と、未来を見つめる曲だ。インドネシアで別れの挨拶をしたとき、私は将来を見据えていて、いつかまたみんなで一緒に仕事しよう、と言った。その言葉は正しかったと後にわかる。

ニューヨークでのワーナーとの最後のミーティングが終わると、私はロンドンへ飛んだ。これからどうしたものか、見当もつかなかった。企業家になれるほどの度胸はないと思いながら、音楽業界で何となく尋ねて回ってみたが、興味をそそられる勤め口はなかった。初めてヴァージンに勤め、その後ワーナーに就職したときには、こんなに音楽が大好きなんだから、死ぬまで音楽の仕事をするのだろうと思っていたけれど、いまではちょっと退屈に思えて、ほかにできることがあるはずだという気がしていた。ただ、それが何かわからないだけで。

ロンドンに戻ったときは、将来のあてもなかった。二〇〇一年二月のある午後、私はハムステッド・ヒースにある老舗のパブ、スパニヤーズインを訪れた。座ってソーダ水をちびちび飲んでいると、テレビにステリオス〔・ハジ・イオアヌ〕が映った。ステリオスは、イギリスで急速に成長している、オレンジ色のロゴがトレードマークの低コスト航空会社（ローコストキャリア、ＬＣＣ）イージージェットの創設者だ。私は食い入るように、彼のインタビューに見入った。

第5章 思い切って夢を見る

BGM：「アイ・ビリーブ・アイ・キャン・フライ」 R・ケリー

パブでステリオスの話を聞いているとき、いくつかのことがいっぺんに頭に浮かんだ。私は飛行機が、空港が、航空会社が好きだ。マーケティングとプロモーションが得意だ。私が知る限り、アジアで運航しているローコストキャリア（LCC）はない。

自分で確かめてみる必要があった。同じ日の午後、ハムステッドからブレント・クロス・ショッピングセンター行きのバスに飛び乗り、それからグリーンラインバス757番――エプソム・カレッジに向かうときも、二〇年前にチャーリー・ハントとヒースローに行くのにも利用していたのと同じ会社のバス――を乗り継いで、ルートン空港へ向かった。

ターミナルに入ると、圧倒された。空港全体がイージージェットの商標を付けられているみたいだ――どこもかしこもオレンジだらけ。八ポンドでバルセロナへ、あるいは六ポンドでパリへ飛ぶ乗客は、幸せそうだった。空港の全面的なブランディングから、提供するもののシンプルなところまで、営業活動のすべてが見事なものだった。

私は航空会社を立ち上げることを決意した。何年も前に電話で母さんに伝えた言葉が甦ってきた。クアラルンプールからロンドンまで、手ごろな価格で飛べるようにしてみせよう。ルートン空港を離れる前に、ハンディカムを買って、エントランスのイージージェットのブランディングから、空港ビル、チェックイン担当スタッフの制服まで、オペレーションの細かな点も思い出せるよう、すべてを撮影した。私は乗客が空港から受ける圧倒的なブランドイメージが気に入った。

実のところ、私はそのすぐ後にディンから電話をもらった。彼はイラクとトルコの国境付近にある辺鄙な土地で足止めを食って、ホテルの部屋と帰りの飛行機を取りたがっていた。ワーナー時代からディンとはずっと連絡を取り合っていて、私は彼のために法人価格でお得に旅ができるよう手配していた。ディンから電話をもらったとき、航空会社を設立することをどう思うか訊いてみた。どうやら乗り気のようだったが、いまはそれ以上に差し迫った問題があった。

「うん、いいんじゃないか。で、例の条件でホテルの部屋を取ってくれるかい？」

ディンという男は、割引のチャンスを決して逃さなかった。

私はマレーシアに戻り、ディンと会って基本的な計画を話し合った。ヨーロッパのハブ空港へ低コスト長距離便を飛ばすというのが、私たちの計画だ。ヨーロッパ内のそこから先の乗り継ぎは、イージージェットからライアンエアーと提携する。これはいけると思った。航空会社と旅への熱意にディンも乗ってくれて、これまでにないことをやりたがっていた。

政治的な関わりを持たない民営の航空会社にして、何かまったく新しいものを創り出したいということで、意見が一致した。私たちの仕事のスタイルもはっきりしていた。私がフロントマンになり、マーケティングと宣伝を行い、ディンが本人の言うところによる「退屈な裏方仕事」をする。

ディンと私には真のパートナーシップがある。それぞれが得意なことに集中して、自分の強みを活かす。そうすることで、無理なく事を進められる。堅実に築き上げ、成功させるためにすべてを注ぎ込むという方針も、二人ですぐに決めたことだ。手っ取り早く儲けるためにやるんじゃなく。私は言った。「再投資できる利益を生んで成長を推進する、本物のビジネスを築き上げよう。近い将来にふり返ったとき、立派なものを創り上げたのが見えるように」

ディンは参加を決めた。彼は事業の権利を半々にしようとしたが、これは私の思いついたことだから、私は一パーセント余分にもらうと主張した。

その時点では、やっぱり音楽が大好きだったことから、この新しい航空プロジェクトに〝チューン・エア〟という名前を思いついていて、ブランドカラーはオレンジにしようと決めていた（ステリオスもイージージェットに使っているオレンジを借りることになるが、リチャード・ブランソンの象徴的な赤を真似したと責められることに比べれば、そこまで気が引けることはなかった。

けれど、すぐに大勢の人――パイロット、政府大臣、友人たち――に、赤にするべきだと言われた。赤は昔からずっと私が好きなブランドカラーだ）。その段階だと、事業の詳細はナプキンに書き込める程度のもので、本当に差し迫った問題は、大半の事業主が新しいものを立ち上げようとするたびにぶち当たる問題だった。つまり、その業界のことを何も知らないのに、どうやってビジネスを始めるのか？

　私が手にした答えはひとつ。自分が得意なことをする――人と話すのだ。私はアドレス帳の名前に電話をかけていった。航空会社を経営するという考えは、ほとんどの相手に笑い飛ばされた。そこで、エプソム・カレッジに電話して、航空事業に繋がりのある相手と連絡を取らせて欲しいと頼んだ。いつものように、エプソムは力になってくれて、三人の相手を紹介してくれた。サー・ブライアン・ウォルポールは、ブリティッシュ・エアウェイズの最も有名なパイロットのひとりで、女王陛下のコンコルドのパイロットも務めたことがある。クライヴ・ベドーは、カナダに拠点を置くウェストジェット航空というＬＣＣの設立当初からの株主のひとりだ。そして、かつてホールマン・ハウスで同じ寮だったマーク・ウエスタンは、航空機のリースを扱う弁護士になっていた。マークに電話して、私のアイデアについて話し合いたいから、ステリオスに紹介してもらえないかと頼んだ。ステリオスは別の仕事に取りかかっているから、私にとっても彼にとっても時間の無駄になるんじゃないかとマークは考えていたが、ＧＥＣＡＳ（ＧＥキャピタル・アビエーション・サービス）と話してみてはどうかと提案してくれた。ＧＥＣＡＳは、ゼネラル・エレクトリック社の航空リース会社で、業界最大手のひとつであり、七六カ国の航空会社に二〇〇〇機近い航空機をリースしている。

そう言われたものの、私はやっぱりステリオスに手紙を書いた。彼の成し遂げたことを尊敬していたから。ステリオスはメールで親切な返信をくれて、関与は辞退することを丁寧に伝えられた。航空業界で私の努力が実を結んだことは、彼の決断が間違っていたことを証明しているだろうけど、私はこのやり取りから大切なことを学んだ――とにかく、彼は返事をくれたということだ。いま、私はステリオスと同じ立場になり、手紙やメール、ソーシャルメディアのメッセージを社内外から山ほど受け取っているが、そのすべてに必ず目を通している。私たちが考案し、実行に移したすばらしい企画やアイデアの中には、メールを通じて連絡をくれた相手のおかげで思いついたものもある。これは社風の重要な一部だ――社員が気後れせずにアイデアを出せる環境を作り出すこと。例えば、エアアジアの非常に多くの路線は、スタッフに提案されて就航したものだ。

無数のアイデアや要求を受け取ったとき、「ノー」と言うのは簡単だが、それがどんなチャンスに結びつくかはわからない。もしもステリオスが私に投資していたら、ゆくゆくはアジアの大手航空会社の共同所有者になっていたのだ。だから私は、売り込みの電話やメールをいつも真剣に受け止め、ひとつ残らず検討している。ばかげたアイデアもあるだろうが、何か特別なものが生まれる可能性もあるのだ。

事業計画の草案を作る最初の試みは、控えめに言っても、大混乱だった。計画を軌道に乗せるにはどれだけの規模のチームと資金が必要なのかを必死に算出し、業界についてできるだけ多くを学ぼうとめまぐるしい時期を過ごした。

私はクアラルンプールにあるワーナー・マレーシアの慣れ親しんだ環境を拠点にした。航空会社を運営するのに実際の関わりがあることについて、理解できていない空所を補うため、さまざまな相手と会って話をしていった。数カ月の内に、ディンと私は最高財務責任者（ＣＦＯ）のロズマン・ビン・オマールと会計士のシリーン・キアを雇い、財務モデルの構築を任せた。ディンと私は主要株主だったが、ワーナーの退職金を費やしても、財政的に立ちゆかせるにはほど遠かった。私は音楽業界の古い知人、アジズ・ベイカーを第三の株主として引っ張り込んだ。

クアラルンプールのオフィスは、重役がひとりで使うにはじゅうぶん広かったけれど、いささか窮屈になってきていた。新しい仲間が増えるたびに組み立て式のデスクを購入していたが、そうするうちにオフィスは不揃いのデスクと椅子でいっぱいになってしまった。まるでカオスで、私たちはこの部屋を作戦室と呼ぶようになった――国際的な航空産業を征服しようと秘密裏に作戦を立て、数々の戦略がそこで生まれることとなった。

私たちはアイデアに没頭し、まだ手に入れてもいない飛行機と航空路のために、燃料の価格を交渉するため、マレーシアの石油ガス会社の大手であるペトロナスを訪ねた。たいていの相手は笑い飛ばし、こう返事をした。「実際に飛行機を一機でも手に入れたら、またおいで」と。それでも私たちはめげずに、休みなく働き、調査を続け、まだ必要のないサービスと部品にかかるコストを計算した。航空事業を理解しようと努めながら、同時に自分たちのビジネスモデルをそこに当てはめていったのだ。

マーク・ウエスタンの勧めを受けて、GECASのジョン・ヒギンズに会った。アドバイスをもらえることを期待して、それまでに発展させてきた計画の概略を説明した。クアラルンプールからロンドンへ就航するボーイング767型機をリースしたかった。私は金を有り余らせている落ちぶれたロックスターか何かだと思われたかもしれないが、ジョンはちゃんと話に耳を傾け、重要な二人の人物を紹介してくれた。このミーティングは、エアアジアの成功に不可欠な関係、これまで経験してきた中でも特に満足のいくパートナーシップのきっかけになった。

まず紹介されたのは、コナー・マッカーシーという男だった。航空事業で二〇年以上の経験があり、自らの航空コンサルタント業を立ち上げるため、ライアンエアーのグループ・オペレーションズ部門のディレクターを退任したばかりだった。二人目の紹介相手は、GECASの東南アジア代表を務めるマイク・ジョーンズだ。私たちは会うとすぐに意気投合した。初めて紹介されたときから、マイクとはずっと付き合いがあり、いまも頼もしいアドバイザーで、仲間で、ビジネスパートナーだ。仕事を始めたとき、彼は大きなチャンスをくれて、私たちはほとんどの取引を彼と続けている。

ジョン・ヒギンズと会った直後に、コナー・マッカーシーに電話をかけると、強いダブリン訛りの相手が出た。

「どうも、コナー。トニー・フェルナンデスです。ジョン・ヒギンズから話を聞いていると思いますが」

「ああ、トニーだね、聞いているとも。LCCを立ち上げようとしてるんだってね？　この半年でそう思いついたのは、確かまだ五人目だよ！」

「ぼくには実現できると思いますよ。事業計画を組み立てているところです。クアラルンプールに手伝いに来てもらえませんか？」

「悪いね。そっちには行けない。どうだろう、きみが本気なら、スタンステッド空港で会って話をしようじゃないか」

五日後、私はハーツ・レンタカーの受付の前に立っていた。大きなビジネスというものは、豪華なホテルか高級リゾート地でしか始まらないと思われがちだが、実際にはそんなことはない。

携帯電話が鳴った。コナーからだ。

「きみを見つけられないんだが。どこにいる？」

コナーはあまり世情に通じていなかったようで――ゴールウェイより西やロンドンより東は訪れたことがなかったのかもしれない――名前とアクセントから、私を身長六フィートの温厚なアントニオ・バンデラスみたいな男だと思い込んでいたのか、初めて見たとき、私がその相手だと思っていないのは明らかだった。

「目の前にいる、背が低くて太ったインド系の男がぼくだよ」

これで緊張がほぐれた。

座ってコーヒーを飲みながら、苦労して作成した事業計画を披露した。リングバインダーで綴じ、ラベルとインデックスを付けた、見たところ本格的な資料に仕上がっていた。私たちはこの計画を作り上げるのに、かなりのエネルギーを注ぎ込んでいた。けれど、コナーは手加減ということをしない男だ――自らをライアンエアー外交学校の出身だと評している。二〇秒ほどで、その理由がわかった。

「立派なもんだが、コンセプトがめちゃくちゃだ。マイケル・オレアリー（ライアンエアーのオーナー）を、あるいはステリオスまで説得して、彼らが持つヨーロッパのネットワークからマレーシアを往復する乗客を誘導させられると思うのか？　きみたちの飛行機に乗客を送り込んで、彼らの航空路を航行させることを認めると？　彼らがそんなことをする理由があるか？」

「向こうの収益も上がるはずだ」と、私は言い返した。

「いいや、それはないな」

そこまできっぱり言い切れる理由を知りたかった。

「どうして？」

「彼らの飛行機の席はじゅうぶん埋まっているし――非常に高い搭乗率だ――きみたちの計画は

彼らのビジネスモデルを複雑なものにするだろう。積み荷の移動、金銭の配分、遅延や乗りそびれた乗客への対応、ホテルへの宿泊はどこが手配するのか、諸々について新しいビジネスコンセプトを考え直さなきゃならなくなる。そんな面倒な話、あの二人に持ちかけたところで、反射的にこう思われるのがオチだ。そんなものは必要ない、搭乗率は九〇パーセントだし、事業は順調に運んでいる。それに、二人がきみの話をまともに取り合うと思うか？　きみにはこの業界での経験がまったくない。彼らはすぐに背を向けて言うだろう、そういうことをするのであれば、自分たちでやるさ、きみとじゃなく、と」

ショックだったが、コナーの言うとおりで、私たちの計画に見込みがないことはわかった。しかし、コナーは前向きな男だった。問題ではなく、解決策を探すのだ。彼は話を続けた。

「マレーシアの人口はどれぐらいだ？」

「二七〇〇万人ぐらいかな」

「なるほど、だったら何を心配することがある？　ヨーロッパにあるのとそっくりなＬＣＣを、マレーシア国内で立ち上げればいいじゃないか。新しいものを作ろうとするのはやめろ。連中はシンプルなやり方で大金を稼いでいるぞ。航空券はウェブで販売し、旅行代理店は使うな。座席は一種類のみにして座席数をできるだけ増やせ。航空機は同じ型のものを運航しろ。朝から晩まで飛行機を飛ばして、夜中のうちに整備させろ。徹底して低価格にこだわれ」

目からうろこが落ちるようだった。確かに、東南アジアの航空会社はどこも法外な値段を付けていて、そのせいで飛行機に乗る人の数は限られていた。ＬＣＣは東南アジア地域で民主的な大変革を起こすことになるだろう。私はドラマチックなやり方――コーヒーをふた口飲んだだけでコナーを信用したため――を取った。入念に練り上げた事業計画書を手に取ると、彼の目の前でふたつに引き裂いたのだ。

「一からやり直そう」

それでも、ロンドンまでの飛行機を安くしてみせると母さんに約束した、あの若き日の夢をあっさり忘れはしなかった。低コストの長距離便のアイデアは、いちばん下の引き出しにしまっておこう、とコナーに話した。いつかきちんと検討することを心に誓い、やがてエアアジアＸの開業によって実現することになった。

ライアンエアーでのコナーの経験は計り知れないほど貴重で、私はなるべく早く彼にもメンバーとして加わってもらいたいと思った。ディンと二人で事業計画を練り直し、コナーとの面談から得たことをできる限り組み込んだ。一週間後に計画書をコナーに送り、手伝ってほしいと彼を招いた。

現金がなかったので、私はコナーに半分をキャッシュで、半分を株式で支払うと申し出た。けれど彼は断り、全額キャッシュでもらうと言った。コナーは私とディンほどには、この事業を信じていなかったのかもしれない。

コナーがマレーシアにやって来ると、私たちは慎重に事業案を練り直しはじめた。コナーが加わったおかげで、二〇〇一年の春から初夏にかけて、計画をまとめていくことができた。財務基盤を構築し、リサーチが必要なエリアを確認してそこの専門家を探し、リース機を調達するのにGECASと取引関係を築いた。航空会社を興すのに必要な土台が、形になってきたようだった。

ある朝、アジズとディンと私は、クアラルンプールのダヤブミにある国内取引・消費者省でのミーティングに向かおうとしていた。私は進捗を確認し、かなり楽観的になっていたが、あることにはたと気づき、胃がひっくり返りそうになった。

「航空事業の認可を受けるには、どうすればいいんだろう？」

互いに顔を見合わせ、どすんと椅子に座り込むと、マレーシアのビジネスでよく聞かれる言葉を口にした。

「政治的なコネが必要だな。でも、ぼくたちにはない」

そのとき、パッとひらめいた。私たちはこれからダトゥク・パハミン・アブ・ラジャブと会うことになっていた。彼は国内取引・消費者省長官だ。マレーシアのワーナーに勤めていた頃、私たちは一緒に音楽の著作権侵害を取り締まっていた。その前は運輸省の所属だった。パハミンはおっかない男だ――荒っぽくて、カッとなりやすくて、でも誠実でまっすぐ。要するに、まさに私好みのタイプだ。

だから、こう提案した。「パハミンに頼んで、会長になってもらおうか」

ほかにあてはなかったし、実際のところ、適任に思えた。みんなには、どうかしていると思われた――これが初めてのことじゃない――が、失うものは何もなかった。

このアイデアを伝えると、パハミンは躊躇せずすぐに承諾し、何が必要なのかとだけ尋ねた。彼は私たちを面と向かってあざ笑わなかった数少ないひとりだった。差し迫った問題があり、マハティール・ビン・モハマド首相との面会を取り付けてはもらえないだろうか、とパハミンに頼んだ。無理を言っているのはわかっていた。この二人は、意見が一致しているとは言えなかったから。民主主義をどう進めるか、公務員はどう働くべきか、首相とパハミンの見解は大きく異なっていたのだ。それでも彼は、やってみようと引き受けてくれた。

二〇〇一年の七月、パハミンは約束どおり、どうにかして首相との面会を取り付けてくれた。この近距離ＬＣＣを離陸させられるかどうかは、このチャンスにかかっていた。

クアラルンプールから二五マイルほど先の、行政地区のプトラジャヤにある首相官邸で、午前一一時に面会する約束になっていた。首相官邸のペルダナ・プトラは、マレーシアで最も立派な建物のひとつだ――六階建ての巨大な複合建築で、堂々たる中央棟にふたつの翼棟があり、タマネギの形をした光沢あるモザイクのメインドームが中央棟の頂部を飾り、ケダ州アロースターのザヒールモスクのレプリカになっている。メインドームは四つの小さなドームに囲まれている。自分がちっぽけに感じられるような建物だった。

私は一睡もしないまま、午前六時に出向いた。正門がまだ開いていなかったので、私は階段に腰かけてじっと待った。この面談にはあまりにも多くのことがかかっていて、首相がパハミンにあまり好意を抱いていないことが気になって仕方がなかった。マハティールは一九八一年に首相に就任した。すべての人間を知り、すべての物事を知っている。もしも航空事業の認可を受けられたら、私の――私たちの――夢を大きく前進させられる。一方、却下されたら、計画は頓挫する。私はビクビクしていた。コナーは仕事がほとんど片付いたのでアイルランドに帰国していたし、ディンはオーストラリアを訪問中だったので、残っているのは私とアジズ、パハミン、経理財務部長のチアだけだった。

役人らしき男性が私を気の毒に思ってくれて、八時半頃にようやく建物に入ることができた。その役人はワーナー時代の私を知っていたようで、こんなことを訊いてきた。「ここに何の用だ？音楽の海賊盤について首相と話しに来たのか？」

「いや、航空会社を設立しようと思って」と、私は答えた。

笑われたけど、もう慣れっこになっていた。アジズがやって来ると、役人は続けてこう言った。「しかし、首相と会うにはタイミングが悪い日だな。きっと不機嫌になるだろうから。まずは野党の党首と面会することになっているんだ」

私の心はさらに沈んだ――予定を変更できるはずもないが、不利な条件になっている。けれど、立派な事業計画をプレゼンするのだから、悲観することはないと思った。

パハミンも到着し、黒いスーツを着て生真面目な顔をした男たちと話をしているのが見えた。アジズと私は近づいていった。パハミンの顔は喜びに輝いてはいなかった。

「信じられん。首相が野党の次に面談するのは、マレーシア航空だとさ。八〇億MYR（マレーシアリンギット）の事業再建について話し合うらしい。フラッグ・キャリアがこれほど経営不振だと、新規の航空会社を認可する気にはならなそうだ」

私の心はまたまた沈んだ。プライスウォーターハウスクーパースの会計士の求人に応募するべきだろうか、そんなことを考えていた。首相が上機嫌だとしても、航空事業の素人集団にLCCのライセンスを与える見込みは薄い。私たちの前のふたつの面談で不機嫌になっていたら、もうおしまいだ。

ついに会見の順番が回ってきた。オフィスのドアまでの道のりは、果てしなく感じられた。ひとたび入室すると、校長室に呼ばれた五歳児になった気分だった。首相とオフィスの大きさとパワーに圧倒されて、私はびびっていた。

「体調がよくないんだ、さっさと済ませてくれ」と、首相はぴしゃりと言った。

なるほど、野党、マレーシア航空、そこへ第三の問題と来て、首相はうんざりしている。プライスウォーターハウスクーパースがまたもや脳裏をよぎった。

何事も決して無駄にはならないという考えを、私は心から信じている。面談に先駆けて、ワーナーで最後に制作したアルバムを一枚買っておいた——首相が自ら温めてきたプロジェクト、マレーシア・フィルハーモニー管弦楽団が出演したコンサートの。

「首相、その前に」。声が震えるのを抑えられなかった。「これを受け取っていただけますか？　ぼくがワーナーで最後に制作したアルバムです」

それで場が和やかになったが、プレゼンはこれからだ。首相は黙って聞いていた。たまに顔をしかめるか、私がシンガポール航空（ＳＩＡ）と戦ってぶっ潰してみせると言ったときに苦笑したぐらいしか、反応はなかった。プレゼンが終わると、部屋はまた静まり返った。しばらくして、首相は口を開いた。「ビジネスモデルも気に入ったし、きみたちも気に入った。成功すると思う。きみたちには情熱があるし、航空業界の人間じゃないからこそ、成功するんじゃないだろうか」

航空事業に関して首相が詳しかったことが功を奏した。エアリンガスという確立された航空会社があるのに、どうやって対抗しているのか確かめるため、首相はライアンエアーを訪れたことがあり、マレーシア航空にＬＣＣを創設するようにアドバイスしたのだそうだ――が、マレーシア航空は実現に移していなかった。

「きみたちに能力があるなら、マレーシア航空の国内路線をすべてあげよう。私が承認する」

一瞬、天にも昇る心地だった。歓喜と安堵でいっぱいだった。

「ただし」と、首相が言葉を続けるのを聞いて、また心が沈んだ。「航空会社を買収すること。経営不振の航空会社がこれだけ多くては、新規の航空事業にライセンスを与えるわけにはいかない」

私たちは振り出しに戻り、暗雲が立ち込める中、面談を終えた。どうすれば既存の航空会社を見つけて買収なんてできるだろう？　それでも、常に楽観的な私は言った。「やるしかない、とにかく探してみよう」。ここまで来たら、もう後には退けなかった。

それから数日間、買収できそうな航空会社を探し求めた。アジズと私はペランギ・エアという航空会社に話を持ちかけたが、会いに行ってみると、こう言われた。「四〇〇〇万ドル支払ってくれたら、会社を立て直してみせよう」

帳簿を確認してみたが、ばかばかしい話だった――あの会社を立て直せるのは、神様ぐらいのものだ。

私たちは丁重に辞退した。

何の進展もないまま数週間が過ぎ、私はゴルフに出かけた。コースに出ているときに、DRB－ハイコム――マレーシアの主要製造業者のひとつ――のコーポレート・コミュニケーション・ディレクターを見かけた。DRB－ハイコムがエアアジアという小さな航空会社を所有していることは知っていたが、正直なところ、それがどんな会社かも、どこを飛んでいるのかも、具体的なことは何ひとつ知らなかった。あまりにちっぽけなものだったので、これだけ切羽詰まって探していても、買収する可能性のある会社の候補に入っていなかったのだ。それでも、私は彼に話しかけにいった。「やあ、おたくには航空会社もあるんでしょう」

「ああ」。相手は嘲るように言った。「買い取りたいのか？」

「はい」と、私はきっぱり答えた。

「明日には手に入るよ。我々には必要ない」

その夜、帰宅してから、エアアジアについて詳しく知ろうと必死になって調べた。ディンと私は問い合わせをして、いくつかの国内路線と、ボーイング737－300型を二機、約二〇〇人のスタッフを抱えていることを知った。エアアジアはMAS（マレーシア航空システム）に次ぐ大手キャリアになることを目標に、DRB－ハイコムの創業者であるタン・スリ・ヤハヤ・アーマッドが九〇年代半ばに設立した。一九九七年に不幸な事故で彼が亡くなると、航空会社を創るという夢も共に潰えた。それ以来、エアアジアはDRB－ハイコムの経営において、負担でしかなかった。二〇〇一年までに負債は四〇〇〇万リンギットに膨らみ、手詰まりになっていた。

ディンと私にとっては、頼みの綱だった。翌日、DRBの副CEOに会いに行くと、相手は大喜びで取引に応じようとした。

「あの航空会社は、明日にもきみたちのものだ。そちらの希望額は？」

「一リンギットでどうかな？」と、私はふざけて言った。一リンギットは約五〇セント〔当時〕だった。

「では、GECASから我々の企業保証を外すと規定して、一リンギットでエアアジアをきみたちに売ろう」と、副CEOは申し出た。

私はハッとした。しまった、相手に支払わせるべきだったのだ。

というわけで、エアアジア——誰にも知られず、誰にも愛されていないちっぽけな航空会社——は、DRB－ハイコムを深刻な財政圧迫から解放するようGECASを説得できれば、私たちのものになる。

企業保証とは、子会社が第三者と長期契約するにあたって、親会社が結ぶ契約だ。今回の場合、リース契約を続ける限り、DRB－ハイコムが航空機のリース料を保証していた。そんなわけで、私たちは買収にあたってGECASの承認を得なければならなかった。GECASは、エアアジアが運航する二機のリース料に対する保証が必要だったからだ。もちろんDRB－ハイコムはエアアジアを売却したがっていたが、保証を続けるつもりはなかった――航空事業とは綺麗さっぱり縁を切りたがっていたのだ。

取引は完了していなかった。GECASが飛行機のリースをしていたのは、航空会社を所有していたのがDRB－ハイコムだったからだ。私たちの事業計画に好意を示す理由がどこにある？私たちには航空業界の経験がまったくなく、資金もないのだ。書面の上では、最高のオファーとは言えなかった。

私はGECASのマイク・ジョーンズに連絡を取り、話した。「いいかい、ぼくはポートフォリオ・リスクマネジメントを大学で学んだが、きみたちがぼくをほかの与信取引申請者と同じように扱うなら、当然申請は通さず却下することになるだろう。もっともな判断だ。だけど、この航空会社が成功したら、ぼくは大口の顧客になる。きみたちの会社から一〇〇機をリースするか購入することになるかもしれない。どうだい、一か八かやってみようじゃないか、二〇〇〇機ある飛行機のたった二機だ。いまのエアアジアは成長していない――契約の残金は手に入っても、それ以上は稼げないだろう。なあ、信じてやってみないか、保証は忘れて」

私がエアアジアを立ち直らせるとすっかり信じたわけじゃないだろうが、首相と同じように、彼もまた私の情熱を見て取ったのかもしれない。

マイクは私がコネチカット州フェアチャイルドのGEキャピタルを訪れ、理事会で同じプレゼンをすることを認めてくれた。いつものだらしない普段着で行くなよ、と警告して。私はビシッとしたスーツを買って、ミーティングに入念に備えた。会議室に入ると、なるほど、私以外はみんなジーンズ姿だった。私はまたプレゼンを行い、反対意見と戦い、マイクに聞かせたのと同じ主張をした。旨みのある話にするため、今後リースする飛行機五機について優先的選択権を与えることに同意し、継続的な関係を築くことを示した。そしてついに、相手も合意した。

企業保証は解除された。私たちは計画を進めて、エアアジアを一リンギットで買収できることになった。

ところが、ようやく波が収まったと思うたびに、新たな問題の波に襲われるようだった。二〇〇一年の九月八日、契約書にサインをする予定の前夜になって、エアアジアにはもうひと組の株主がいることを急に伝えられた。モファスという会社で、彼らはエアアジアの売却を拒絶した――私たちを止めるよう首相に訴える、という抜け目のなさで。決定は翌朝下されることになっていて、どう転ぶかわからない。またもや私たちの未来は首相の手に委ねられたようだった。

その夜は眠れなかった。もうちょっとで航空会社に手が届くところまで来ているのに、手に入らない可能性もじゅうぶん考えられるのだ。悶々としながら待ちつづけた結果、首相はモファスの要請を却下して、私たちは事業計画を続けられることになった。理由はわからないし、長々と考えるつもりもないが、その数カ月間のストレスは半端じゃなかった。二〇〇一年九月九日、デューデリジェンスを条件として、私たちは契約書にサインした。

ディンと私は自宅を抵当にして貸し付けを受けていたので、デューデリジェンスは必須だった——本当にすべてを賭けていたのだ。DRB－ハイコムはデューデリジェンスが承認されるのを求めて待つこともできたが、三カ月間コストを支払い、デューデリジェンスを履行する間、私たちが航空会社を運営することを認めた。

最後の最後に、DRB－ハイコムは株式の一〇パーセントを保持したいと言ってきたが、ディンが賢明な判断を下して断った。私としては構わないと思っていたのだけれど、ディンはそれだと完全な独立採算が保てなくなってしまうと気づいたのだ。これだから、私たちはうまくやっていけている——ディンは私が気づかないことに気づいてくれるのだ（逆もまたしかり）。

私たちが買収したとき、エアアジアは四〇〇〇万リンギット（二〇〇〇万ドル）の負債を抱え、聞いた話によると、ひと月あたり四〇〇万リンギットほどを失っていた。契約条件の一部として、DRB－ハイコムが負債の半分を引き受け、残り半分を私たちが負担することになっていた。主要な三組の債務者は、MAS、ペトロナス、マレーシア空港だった。私はそれぞれを訪ね、分割払いで完済すると約束した。供給元の信用と敬意を得ることは、重要な原則だ。これが実を結び、結果的に負債の利率を下げられることになった。

こうして私たちは、航空会社と、開業までの三カ月間の猶予を手に入れた。何カ月にもわたるストレスから解放されて、最高の気分だった。私たちは航空業界全体がどう機能しているのか理解しようとし、事業の新しい運営モデルを構築し、いまでも不可能に思えるような状況を克服し、信じられないほど必死に働いてきた。また仕事に没頭する前に、私たちはひと息入れた。

契約書にサインしたわずか二日後、マレーシアのサッカーチームがラオスに敗北するのを観戦しているとき、携帯の着信音が鳴り、メールが届きはじめた。書かれているのは、どうにも信じがたいニュースだった。車で家に帰り、ＴＶでブルームバーグ・ニュースをつけると、ツインタワーが崩壊するところだった。時間が止まった。現実とは思えなかった。私はじっと座って、この残酷な行為によってかき乱された思考と感情を処理しようとした。窓から人々が飛び降りている。想像すらしたことがなく、簡単に忘れ去ることもできない光景だった。この悲劇に巻き込まれたすべての人を思って、胸が張り裂けそうだった。あのビルの中で亡くなった人々と、これまでの暮らしを打ち砕かれてしまった家族を思って。

航空業界についても気がかりで、私たちの真新しい航空会社はこの先に待ち受ける困難を生き延びられるだろうかと考えた。私も世界中の人々も傷ついていたけれど、私たちは新しいことを始める機会を得たのだ。人々はそれでも空を飛びたいと思うはずだ、と私は強く信じていた。こんな悲劇と直面して、計画を続行するのはとてつもなく厳しい状況ではあったが、やめようなどとは一瞬たりとも思わなかった。

9・11テロの最初のショックが治まった後、ディンが電話してきて、問いかけた。「それでもやるのか?」

「ああ、ここまで来たんだ。支持してくれる人たちが、きっといるはずだ。本当に恐ろしい悲劇だけど、それでも飛行機でペナンに行く人はいる。やろう。こんなときだからこそ、みんなが飛行機に乗れるようにするんだ」

誰もが空を飛べるようにしたいという夢を持って始めたことであり、諦めるわけにはいかない。私はエアアジアで働いている人間や、将来の乗客のために、これまでどおり働く義務があると感じていた。私たちが実現しようとしているビジネスモデルは、人々の暮らしを豊かにするはずだ。そのことに集中しなければ。

考えうるあらゆる面で、経済は短期的には惨状を極めた。原油価格は天井知らずで、飛行機の乗客の自信は揺らいでいた。どこからどう見ても、歴史のこの時点から航空会社を開業するのは、この上ない愚策だと思われた。でも、やるしかなかった。

だから、私たちは計画を進めた。

9・11の四日後、最初の良いニュースが届いた。GECASがある提案を持ちかけてきたのだ。私たちはエアアジアの既存のボーイング737-300型二機を737-200型に交換するつもりでいた。７３７－３００型はリース料がかかりすぎたのだ。７３７－２００型は小型で古く、制御装置の一部がデジタルではなくいまだに油圧式ダイヤルだったので、パイロットたちは乗る前から不安がっていた。

ＧＥＣＡＳのレイが言った。「９・11テロの影響で、リース価格が急落している。だから取引しよう。半額にするから、７３７－３００型をそのまま使ってくれ」

これで数字が劇的に改善された。３００型のほうが二〇席分多く乗せられ、燃費が良くパワフルだったので、燃料費と飛行時間を削減できてコストを抑えられ、収益が増えることになった。コナー・マッカーシーとメールで連絡を取り合い、「神様は本当にいる」という結論にたどり着いた。ライアンエアーが２００型からスタートしていたので、先例に倣えば問題ないと思っていたが、３００型をそのまま使えるとなれば大躍進だ。それ以来、ＧＥＣＡＳとエアアジアはすばらしい関係を続けている。

私たちには航空機（機体記号９Ｍ－ＡＡＡと９Ｍ－ＡＡＢ）があり、ライセンスがあり、スタッフがいて、いくつかの路線まで受け継いだ。すべてが順調だが、航空会社を経営するには資金が必要だ。私たち四人では、資金不足だった。融資を受けるため、ディンと私は自宅を再び抵当に入れようとしていた。事業を経営するには二〇〇〇万リンギットが必要だと見積もっていたので、私がＧＥＣＡＳと交渉しに行っている間に、ディンが投資家を見つけて資金を確保していた。

私はその投資家に会ったことはなかったが、私たちのアイデアを信用し、資金を出すと約束していた。契約書にサインをしたら、彼は会社の五〇パーセントを所有する共同経営者になる。理想的とは言えないが、ほかに選択の余地はない。私はクアラルンプールにある彼のオフィスを訪ねて、これまでにしてきたこと、雇った人間、事業計画をプレゼンし、航空機に関するGECASとの最初の話し合いについて、ざっと説明した。

半分ほど話したところで、彼は手を上げて私を制し、こう尋ねた。「どうして何も知らせずにすべて勝手に決めたんだ？　私は共同経営者だぞ」

私はいつものように率直に反応した。「いや、契約書にサインもしてないし、金も受け取ってないんだから、まだ共同経営者じゃないだろう」

気を悪くさせるつもりも、怒らせるつもりもなかった。まったくの事実を言ったまでだ。でも、もうちょっと控えめな言い方をすれば良かったのかもしれない。彼は嬉しそうな顔をしなかったから。これが私にとって、成功した裕福なビジネスマンと、彼らが期待する扱われ方を学んだ、最初の経験になった。彼らは時に自尊心が強くなり過ぎ、相手が思いどおりに動かなかったり反抗したりすると、気に入らないことがあるのだ。

彼は私がふざけているんだと思っていた。こちらとしては、事実を述べているだけなのに――私は白黒はっきりさせるタイプで、そのせいで厄介な目に遭うことがある。年齢を重ねるにつれて、少しは賢くなってきているが、それまでに大勢の人たちの機嫌を損ねてきた。実際、最近になってある友人から、私のビジネスにおける人との関わり方について、こんな意見のメールが送られてきた。「きみは人を教育もできるが、怒らせることもできる。その才能があるよ……」

率直にズバズバものを言うせいで、私はまたもや困ったことになった。けれど、リーダーとしては、曖昧な返事をして余計な勘繰りをさせるよりは、ずっといいと思っている。ごまかすのではなく、明快に導くことが必要だ。

投資家との面談を終えると、私はディンに電話した。「二〇〇〇万ドルをおじゃんにしちまったらしい」

というわけで、航空会社を経営するのに資金がないという状況に戻ってしまった。パハミンはその話を聞くと、どこまでも称賛に値するあの男は、私を非難することも怒ってわめき散らすこともなく、こう言っただけだった。「トニー、きみの物事の進め方を考えると、それで良かったんじゃないか。きみとディンがいちいち誰かに話を通してから決定するところなんて、想像がつかない。そんなのうまくいきっこないだろう」

ディンと私は話し合い、集めることができた現金を元手に何とか経営していこうと決めた。LCCを経営しようというのなら、宣伝文句を自ら実践し、不必要な機能はすべて取り除くのだ。その日暮らしで生き延びるしかない。

前にも言ったように、何ひとつ簡単には運ばなかった。

契約書にサインした後、私たちはDRB－ハイコムのオフィスで、現行のエアアジアのスタッフたちと顔を合わせた。私は緊張していた――プレゼンには慣れていたが、それはアーティストやバンドについての話で、航空機や乗客についてじゃない。とはいえ、起業家になる勇気が自分にあるとは思ってもみなかったから、痺れるような感動も味わっていた。私はレコード会社の運営に携わっていたのに、いきなり航空会社を所有することになった――飛行機はたった二機しかないけど、それでも航空会社に変わりはない。

クアラルンプールにあるＤＲＢ－ハイコム本社の広いオフィスに入った。壁と窓に沿って、三、四〇人のエアアジアのスタッフがずらりと並んでいる。エンジニア、客室乗務員、パイロット、地上スタッフが、揃って疑いのまなざしを向けている。彼らが私について知っているのは、マレーシアでＬＣＣの旅を提供しようという突飛なアイデアを思いついた、音楽業界出身の男だということだけだ。

私がビジネスモデルの概略を説明する間、スタッフは黙って耳を傾けていた。それは敬意の表れなのか、疑念の表れなのか、私には判断が付かなかった。話を終えると、チーフエンジニアが手を挙げた。「マレーシア人はサービスを期待し、求めるものです。付帯サービスなし（ノーフリル no frills）で、マレーシアでやっていけますか？」

「料金をじゅうぶん安く設定すれば、やっていけると思う。それに、提供できるサービスもあるじゃないか。ライアンエアーみたいな航空会社にするわけじゃない。笑顔は無料だからね。乗客には規定やルールに従ってもらうが、感じの良い対応を心がけるんだ。私たちがアピールしようとしている相手は、現時点でマレーシア航空やシンガポール航空で旅をしている人々じゃない――これまで飛行機に乗ったことがない人たちに向けて、新しい市場を創り出そうとしているんだ」

また静寂が訪れた後で、客室乗務員のひとりが高らかに叫んだ。「すばらしいです。きっといつか、マレーシア航空を超える日がきますよ。この航空会社にどれだけ情熱とエネルギーを注いでいるか、聞いているだけでもわくわくしてきます。この六年間、この会社にはそういう姿勢が見られなかった。この仕事に携わることを、いまはとても誇らしく思います」

その瞬間、すべてが報われた。

第6章
高く飛ぶ

BGM:「タブサンピング(I Get Knocked Down)」チャンバワンバ

事業を立ち上げるとき、何を投げかけられるかは決してわからない。そして、何の経験もなしに航空会社を始めるというのは、とんでもなく愚かな考えといってもいいかもしれない。特に9・11テロが暗い影を落としている時期にあっては。エアアジアの初期の頃を振り返ると、私たちがどれだけ多くの予期せぬ大問題に直面し、それを乗り越えてきたか、思い出しても呆然としてしまうほどだ。この若い会社は、困難をひとつずつ乗り越えることで強くなり、そのおかげで現在があるのだと、私はいまでは思うようになった。

最初のスタッフミーティングでは前向きな反応が返ってきたが、次の会議はすんなりとはいかなかった。私たちが引き継ごうとしている時点では、エアアジアのもっている飛行ルートは、一日二便のコタキナバル行きと、おなじく一日二便のクチン行きだった。ほかの目的地への着陸許可も取っていたのに、それしか飛んでいなかった。私たちの事業計画では、一日六時間から一二時間にまで、地上スタッフとパイロットに航空機の使用時間を二倍にしてもらわなければならない。それに、ターンアラウンド（ゲート到着から出発までの所要時間）を二五分間に短縮してもらう必要もある。簡単には納得させられないだろうと思いながら会議室に入ると、パイロットもエンジニアも全員が立ち上がって敬礼した。これには驚いたし、かなり愉快でもあった。私の経営スタイルがどんなものか、彼らがわかっていないのは間違いなかった。

「座って。楽にして《チル》」。私は音楽業界風に言った。こっちも敬礼なんてされたことはなかったけれど、あっちだって「チル」なんて言われたことはないはずだった。

計画の概略を述べていると、パイロットとエンジニアの反発を感じた。時間内に飛行機のエンジンをじゅうぶん冷ませるのかということに加えて、パイロットの飛行時間が二倍に増えることに対して、明らかな不安があった。私は737－300型を維持させてもらえたことで、GECASに改めて密かに感謝していた。200型を運行するのにこの計画を提案していたら、こうはいかず、ほとんどのスタッフが会議室から出て行ってしまっただろう。

ともあれ、この計画でやってみようということで、意見の一致を見ることができた。会議室を出て行くとき、DRB－ハイコムの理事たちと顔を合わせ、進捗状況を尋ねられた。弁舌巧みなアジズが、にっこりして答えた。「順調だよ。みんなここから出て行くのが待ちきれないって」

スタッフにしてみればそれは事実だったが、DRB－ハイコムが私たちにとても協力的で融通を利かせてくれたことも言っておくべきだろう。

二〇〇一年一二月八日、デューデリジェンスが完了した。ついに契約書にサインをして、私たちは航空会社を引き継いだ。ペンと書類を片付けると、DRB－ハイコムの最高経営責任者は、こっちを向いて眉を上げてみせた。おかしいなと思いながらも、私はほほえんだ。すると、彼は手のひらを上にして右手を差し出し、言った。「じゃあ、払ってもらおうか」

「えっ？」

「きみとディンに一リンギットの貸しがあるぞ」

私は声を上げて笑い、財布を取り出した。だが、現金がない。ディンを見る。彼も尻ポケットから財布を出したのだが、中をのぞくと、肩をすくめた。

「貸してもらえるかな？　手持ちの金がないみたいで」

笑いが収まると、ＣＥＯは一リンギット紙幣を見つけてこちらに渡し、私たちはそれを仰々しくお支払いした。これでエアアジアの買収が完了したのだ。あのときの金を、ディンと私は返してない気がする……つまり厳密に言えば、私たちはこの航空会社をタダで手に入れたわけだ。

それからというもの、エアアジアの経営は、これまでに乗ったことがないほどスリリングでヘトヘトになるジェットコースターみたいなものだった。私たちは経験と勘を頼りにするしかなかった。たしかにスタッフは自分のやるべき仕事をしっかり把握していたが、経営する私たちの側は、すべてのプロセスを結びつけなくてはならず、スムーズに事を運べるようになるまでには、少し時間がかかりそうだった。

幸い私たちは、みんなに一体感をもたらす重要な決断をいくつか下していた。一二月に経営を完全に引き継いだとき、スタッフにボーナスを支払うことになっているとDRB－ハイコムは知らせてきた。ボーナスの総額は一〇〇万リンギットに上ったので、私たちは手元にある資金を使い果たし、外部から投資を受けることをまた考えなければならなくなるところだった。DRBはここでも支援してくれて、半額を支払うことに同意した。それでも、懐が痛まないとは言えなかった。誰よりも長く勤めていて、会社の伝説的人物となっているキャプテン・チンは、あの時ボーナスを支給したことによって、スタッフの心から残りの疑念を消し去ることができたのだと言っている。あの時期は、ボーナスの支払いを遅らせるか、まったく支給しないほうが簡単だっただろうが、ディンと私はこのチームに対して誠意を示すべきだと強く思っていた。「ビジネスは人財だ」というモットーは、いまでもエアアジアの社風を表す大きな要素のひとつになっている。

最初の飛行機が飛び立ったとき、私は誇らしさで胸がいっぱいになった。ハムステッドヒースの老舗のパブで、ステリオスが出ているテレビ番組を観てから、一年も経っていなかった。こうしていま、私は自分の飛行機が空に飛び立つのを眺めることになった。

とはいえ、この小さな航空会社をＬＣＣの巨人に変えるためには、やるべきことはまだ山のようにあり、最初のフライトを祝ったり、じっと見送ったりする暇もなく、さっさと仕事に戻る必要があった。低価格のビジネスモデルをすぐに実現できたわけじゃない。最初の数週間は既存の路線と構造を引き継いでいたが、やがて飛行機を改装して完全な低価格プランを導入することができた。この改装は、ビジネスクラスを完全に取り払い、機内の座席数を一二四席から一四八席に増やすというものだった。一席でも多く売ることで違いが生まれるので、事業を受け継いだその日に、私はスバン空港のビジネスクラス専用ラウンジを正式に閉鎖し、半年間かけて飛行機を改装した。

エアアジアの価格設定は、思い切った安さだった。コタキナバル行きの普通の航空料金が四〇〇リンギットなのに対し、私たちは一四九・九九リンギットで提供していた。

しかし、私たちの航空券は返金不可にしてあった。チケット料金がとにかく安いので、搭乗するかは乗客次第ということにしたのだ。当時は、飛行機に乗りそびれた乗客が、それでも払い戻しを要求してきたが、乗客が航空券を購入してから四八時間以内に申請しない限り、払い戻しは行わないことを明言していた。四八時間以内に申請があれば、振り替えを行い、別の便の航空券を支給することにしていた。ただし、新たに用意する航空券のほうが高額であれば、その差額を支払ってもらうことになっていた。この振り替えには事務手数料もかかることになる。

数週間が過ぎて、いよいよ最初のLCC便を就航させるときが来た。その前夜、私はスタッフを集めて会議を開いた。

すべての質問を確認し、付帯サービスなし（ノーフリル）にすることの意図を改めて伝えた。そして、もしも節約に関するアイデアがあれば、ぜひ聞かせてほしいと話した。すると、ひとりの客室乗務員が手を挙げた。

「この計画には、機内で食べ物を販売すると書かれていますが……?」

「そうだ」

「その食べ物はどこから仕入れるんでしょう?」

みんなが一斉にハッと息をのんだ。私はあたりを見回し、ジャケットをつかむと、五人来てくれと言った。車に飛び乗り、いちばん近くにあるスーパーマーケット・カルフールに向かった。サンドイッチ、飲み物、水をカートに入れていき、私のクレジットカードで代金を支払った。買った品を持ち帰り、飛行機に積み込んで、販売できるよう準備した。

「いくらで販売しますか?」

「とにかく損失を出さないでくれ——赤字にさえならなければ、それでいい」

言っただろう、経験と勘だけを頼りにしてるって。私たちの学習と吸収は素早かった。そして、ほとんどすべてのものについて、借りるか、融資を受けるか、交換するかしていた。盗みはしなかったが、飛行機の車輪のひとつがひどく摩耗しているとパイロットに指摘されたときに、近いことはした。私たちのエンジニアは、競合する航空会社から車輪を〝借用〟して、こちらの車輪の補修が済んだら返すことを提案した。私たちは第三者を引っ張り込んで、間に立ってもらい、幸い車輪を使わせてもらえることになった。

エアアジアの立ち上げ段階から、経験豊かな航空機運航管理者のピーター・タララが仲間に加わっていた。ピーターは航空機の元パイロットで、航空関係者のネットワークが広がっていく中で紹介された。私は事業計画を作り上げていくうちに、パイロットの意見が足りないことに気づいた。座席数を変更するにしても、それによってどれだけ余分な燃料が必要になるのかは見当もつかなかった。最初、ピーターが相談に乗ってくれたとき、彼は大きな助けになってくれるだろうと思った――彼は熟練したパイロットであっただけでなく、マレーシア航空で航空機運航管理者も務めていたのだ。

ピーターはあらゆることに取り組んだ――まさにそばに置いておきたいと思うようなタイプの人間だった。手荷物の取り扱いや、ターンアラウンドの時間、燃料について尋ねると、彼はすぐさま対応に当たった。運営を始めると、ピーターはつてを使って、ジグソーパズルの欠けているピースを埋めていった。特にありがたかったのは、一緒に働きたがっている地上スタッフを見つけてきて、ハンドリング業務の設備費を節約してもらえたことだ。保険については、ディンの兄が力になってくれた。客室乗務員のトレーニングはセレクト・アビエーション社に、メンテナンスはシンガポール・テクノロジーズ社に世話になった。できるだけ現金を残しておく必要があったので、ローンや分割払いが可能なときはすべてそうした。

偶発的な収入源に助けられることもあった。私たちは旧エアアジアの契約を引き継いでいて、メッカへの巡礼旅行と、軍のチャーター便をそれぞれ請け負っていた。

メッカ巡礼は、運搬面において大きな頭痛の種だった。二〇〇二年の二月、すべての参拝者が五日間の巡礼の旅を全うできるよう、私たちは二〇日間で一万八〇〇〇から二万人の乗客を飛行機に乗せた。（DRB－ハイコムから引き継いだ）こういう請負仕事の複雑さに、経験の浅い小さなチームが、フル回転で取り組まなければならなかったのだ。ピーター・タララが先頭に立ってこのプロジェクトを進め、手に入る資料はすべて活用して問題の解決に努め、有効な助言をくれそうな相手と片っ端から話し、すべての条件を満たせているか確認するためタブン・ハジ（国営巡礼基金）と連絡を取った。極めて複雑な仕事だったが、それだけの価値はあった。二〇〇〇万リンギットの売り上げがあり、六〇〇万リンギットの純益が得られたのだ。この現金収入のおかげで、さらに数カ月はやっていけることになった。

慌ててカルフールに走ったことで、私たちがいかに何も知らないかが浮き彫りになり、前進するには一からコツコツ学ぶことだと考えた。私は初日からスバン空港のオフィスに住んでいるのも同然で、あるルーティンに取り組んだ。それはいまでも続いている。航空会社のすべての仕事に取り組んだのだ。自ら汗をかく覚悟がなければ、有能なCEOにはなれない。上に立つ人間の多くが、実際に何が行われているか、しっかり理解できていないんじゃないだろうか。何人かの人間の手垢のついた情報を得て、そのせいで間違った決断を下している。私はすべてを把握しようと決意した。だからフライトシミュレーターを使って、飛行機の操縦を学んだ。車輪交換のやり方を教わり、エンジンに関するすべてを理解した。客室乗務員を務め、乗客のチェックイン業務を担当し――いちばん大変な仕事だった――実際に荷物を運んだ。その結果、非常に多くのことを学び、社内の雰囲気に画期的な変化をもたらした。

スタッフと共に仕事を覚えるということは、問題に耳を傾け、権限を持って決定を下せるということだ。私はスタッフの仕事についての代弁者にもなれた。荷物係をやるというのは、一機の飛行機から二トンの荷物を降ろし、また二トンの荷物を飛行機に積み込むということだ。まさにきつい肉体労働と言わざるを得ない。

初めて客室乗務員を務めたときは、キャヴェンディッシュ・ホテルで働いていた頃を思い出した。人は客室乗務員が午前四時か五時には起きているとは考えないものだ。彼らは一日に五、六便のフライトをこなし、食事と飲み物を給仕し、機内清掃を行って、ターンアラウンドの二五分以内に乗客を搭乗させている。その間ずっと笑顔を絶やさず、明るくふるまい、さまざまな質問や苦情に対応し、航空会社の顔として務めているのだ。楽な仕事ではなく、彼らは必死に努力している。私は笑顔でワゴンを押して通路を進み、食べ物を給仕しながら、なかなかうまくやっているつもりでいた。ひとりの男性に、コーラをくれと言われた。私はうなずき、すばやくコーラの缶を取り出したが、プルリングを引こうとしたとき、反対側の通路でワゴンを押していた女性スタッフが手を伸ばして私を制した。

「開けちゃ駄目！」と、彼女は言った。

どうかしちゃったんじゃないかと思いながら彼女を見て、私はそのまま乗客に缶を手渡し、金額をちゃんと覚えていることが得意で、言った。「三リンギットです」

すると、その乗客は嫌そうな顔をして、缶を返してきた。飲み物は無料だと思っていたのだ。

仕事をしてみないとわからないことの小さな実例だ。顧客と接するのは決して簡単なことではない。それどころか、航空会社を運営していて何よりも大変な仕事は、顧客対応だと言ってもいい。しかも、LCCで旅行している乗客からは、より多くのサービスを得るべく、しきりと要求がくるので、対応するのがさらに大変になる。こちらとしては、〝ノーフリルと言ったらノーフリル〟なのだ。無料で最高のおもてなしはしても、それ以外のすべてのサービスについては、料金を頂かざるを得ない。何しろ航空券を低コストに設定しているのだから。

いまやエアアジアは大企業のひとつであり、間違いなく最大手の航空会社のひとつでもあるが、労働組合というものがない。法律が理由ではなく、現にマレーシア航空には四〇の組合がある。エアアジアのスタッフは、外部に意見表明することに意味を見いだ さない。社内でじゅうぶんな意見交換がなされているからだ。意見交換は社内ネットワークを通しても行われているが、私が現場に出ていって働いていることも理由のひとつだ。

この仕事を始めて数年が過ぎて、飛行機をエアバスにグレードアップさせることになったとき、荷物係に問題が生じた。彼らはそれまでボーイング737型機の貨物室に荷物を投げ込んでいたが、エアバスの貨物室は何インチか高くなっている。荷物係たちは私のところに来て、肉体的な負担があまりに大きくなるから、ベルトローダー〔貨物積込用ベルトコンベア〕を導入してほしいと言った。当時は予算が足りなかったので、私はその要請を却下した。それからほどなく、私はまた荷物係の仕事をすることになり、インドネシア便に配属された。いま私たちの飛行機を利用する乗客は、家一軒分かという荷物をたいてい持ってきているが、インドネシア便の乗客たちは、隣の家の分まで持ってきているらしい！　貨物室に何百もの荷物を放り込むと、背中が痛くてたまらなくなった。一日が終わると、私は一緒に働いていた荷物係たちに向かって言った。「よし、わかった。納得したよ。きみたちの言うとおりだ。ぼくが間違っていた。明日には何とかしよう」

翌日、私はベルトローダーを発注した。

私がもし現場に出て実際に働いていなければ、大勢の社員が背中の痛みを訴え、不要な恨みを買って、結果的に労働組合が結成されることになったかもしれない。最近、あるパイロットに聞いた話だが、わが社のパイロットはマレーシア航空のパイロットたちに、組合に加入しないかと何度も誘われたそうだ。けれど、みんなこう返事をしたという。「何のために？　トニーと話がしたければ、本人を呼び出すまでだ――それで直接、解決できる。そのほうがずっといい」

現場に出てあらゆる仕事に取り組んだり、本社を歩きまわったりするのは、欠かせない仕事の一部だ。CEOとして、スタッフのことを知り、彼らの仕事と抱えている不満や不安を理解して、尊敬を勝ち取るには、ほかに方法はない。いまに至るまで、私はすべての仕事を経験したおかげで、あらゆる面からこの会社を誰よりも知り尽くしている。報告書もスプレッドシートも面談もなくても、実践で得た知識があれば事足りる。私はエアアジアの経営陣や内勤スタッフのみんなに、なるべく多く飛行機に乗るよう勧めている。顧客や現場で働くスタッフと触れ合うことが必要なのだ。

こうすることで、自由に率直な意見の交換を続けることもできた。昨年だか、ある客室乗務員が盗みを働いていることがわかった。彼女はしかるべき処分を受けたが、それでも直接私にメールで謝罪し、もう一度チャンスが欲しいと頼んできた。そういう風に意見を伝えられるのは、私から見ると人事部七つ分の価値がある。

二〇一七年にタイのプーケットで開催した経営会議で、私は本社スタッフがノートパソコンの後ろや会議室内に隠れていることを叱責した。会社の成長と共に、みんなが外に出ていろいろな相手と話をし、日々の業務の現状を把握しておくことが重要だ。来る日も来る日も、一日のスケジュールを会議でびっしり埋め尽くすようになったら、本来やるべきことを見失いはじめているはずだ。私たちの場合、やるべきこととは、世界一のＬＣＣを経営すること。それを見失ったら、立派な社風は衰退し潰えてしまいかねない。

組織に不幸をもたらすふたつの大きな原因は、オフィスと肩書きだ。私は何年も前から、名刺から肩書きの記載をなくしたいと思ってきた――役割じゃなく肩書きを強調していることに加えて、会社でどんな仕事をしているのか、名刺を出した後に会話が途切れてしまうからだ。肩書きで定義されるよりも、自分で説明するほうがずっといい。

オフィスは悪夢の元凶だ。私がエアアジアで早々に着手したことのひとつが、業者を雇ってオフィスのパーティションをすべて取っ払わせることだった。こっちの部屋がいいとか、あっちがいいとか、そういう取り合いがなくなれば、みんなが自分の仕事に集中できて、誰のオフィスのほうが広いだのなんだのと気に病むことがない。クアラルンプール国際空港（ＫＬＩＡ）にある本社（通称レッドＱ）は、みんなでデザインし、個人のオフィスはひとつもない。いくつかガラス張りの会議室が並んでいるほかは、間仕切りのない設計になっている。壁がない空間にすることは、非常に大きな意味を持つ。みんなが自由に会話できる雰囲気になり、個室を持つ者に対する嫉妬もなくせるのだ。

私が下したもうひとつの重要な決断は、スタッフ全員の距離を近づけること。元々は、スタッフ同士はかなりバラバラだった。パイロットはパイロットと、エンジニアはエンジニアと、客室乗務員は客室乗務員とだけ話していた。各グループが助け合えるはずなのに、そんな風によそよそしくしていては業務に支障を来すと思った。というわけで、パーティーもたくさん開いた――すべて予算制限なしで！――が、スタッフを結束させるのに効果的だった。

マレーシア航空やシンガポール航空と張り合うだけの資金がなかったので、最強の武器はこの社風と、会社の小ささとフットワークの軽さだと考えた。私たちには、物事の〝正しい〟やり方に対する先入観がなかった。何もわかっていないのだから、好きなようにぶっ壊すことができたのだ。

社風と、多様性と多文化からなるスタッフの問題から、私は、子どもの頃に読んだ本やアメリカとオーストラリアに旅した経験を思い出した。パイロットは飛行機まで客室乗務員と一緒に行こうとしないことがわかった。そこで私は、マレーシア人のパイロットと客室乗務員を一二人ずつタイへ連れていき、みんな一緒にバスに乗せることで、エアアジアがどうやって機能しているのか、タイ人たちに示してみせた。それから二年以内に、タイ・エアアジアではマレー人とタイ人の夫婦がふた組成立した。

エアアジア対マレーシア航空はダビデ対ゴリアテの究極の構図だと、私たちは常に留意している。マレーシア航空は国営で株式も発行しているため、私たちには想像もできないほど潤沢な資金に恵まれているようだった。こっちはたった二機なのに、向こうは一二〇機も所有していて、私たちの目標市場である国内線の大半を実質的に独占していた。そんなわけで、私たちにできるのは、より優れた航空会社になることだけだった。つまり、より革新的で、料金と顧客サービスの面ですばらしい価値を与え、変化する市況によりすばやく対応するということだ。

こっちは新参者であり、何の影響力も持たない。私たちが取るべき道は、ぶっ壊すことだ。いまとなってはいささか月並みな考えになってしまったが、二〇〇一年にはかなり斬新なアイデアだった。私たちはライバルに対抗しようとせず、違ったやり方を取ろうとすることで市場の形を変えた。破壊は破滅をもたらすとよく誤解されている。そうではなく、破壊は創造の元なのだ。このアプローチについて、私は『ブルー・オーシャン戦略——競争のない世界を創造する』（ダイヤモンド社）という本に影響を受けた。私たちはマレーシア航空の市場に参入し、既存のプレーヤーから航空路を盗もうとはしなかった。代わりに、新しいルートを探し、自分たちが最初の所有者になれる新しい市場を開拓した。他社は巻き返しを図るしかなかった。ぶっ壊すというのは、競争相手を潰すことではなく、市場を自分たちに有利になるよう、作り替えることなのだ。

エアアジアは二〇〇二年二月まで無事に乗り切り、航空会社として進歩しつつあり、経営を続けられるだけの収益を上げ、いくらか負債も減らしはじめていた。すると、一機の航空機（9M－AAB）がバードストライクに遭い、エンジンを修理する間地上に釘付けになった。バードストライクが起きたのは、クチン行きの夜行便で、熟練したパイロットのひとり、エイドリアン・ジェンキンズ（現フライト業務グループ長）が機長を務めていた。エンジニアから報告を受けると、エイドリアンはすぐ私に電話してきた。話を聞いたとき、私は信じられなかった。こんな問題が起こりうるなんて、聞いたこともなかったのだ——航空機のエンジンに突っ込んでいくなんて、そんなバカな鳥がいるのか？　それから、どうなるのかが明らかになった。エンジンの修理が終わるまで、一一日間はその飛行機を動かすことができないのだ。事実上、その間はわが社が飛ばせる飛行機が半分になってしまうというわけだ。そんなことがブリティッシュ・エアウェイズやライアンエアーで起きたら、どうなるか。エアアジアの規模はとても小さかったが、相対的な経済的影響は同じだった。

そのときの私の反応が会社の士気に大きな違いをもたらした、と言われたことがある。第一に、私はパニックを起こさなかった。真っ先にしたのは、乗客と乗務員全員の無事を確認することだった。わめいたり、怒鳴ったり、うろたえたり、誰かを非難したりせず、安全が第一だと示してみせたことで、スタッフははっきり反応した。私はみんなを呼び集めた。「ターンアラウンドの目標時間は二五分だが、これからは二〇分にしよう」と話した。一一日間、9M－AAAは二四時間態勢で飛行して、一便もキャンセルしなかった。遅延は起きたが、私たちは乗客が手にした航空券を無駄にさせないよう、アクセル全開で働いた。エンジンが直るまで、誰もが飛行機に乗れるチャンスを提供するために、全力で責任を持って努力した。

当時勤めていた者はみんな、その経験の強烈さを知っており、この出来事がエアアジアを作ったのだと、私は心から信じている。こういう試練を乗り越えることで、強力な行動文化と信念が築き上げられるのだ。若い会社にとっては、大きな自信も注入されることになる。みんなは出来ないことはないと思いはじめた。これはただのばかげたアイデアで終わらず、本当にやればできるのかもしれない、と。実務的な面で言えば、二五分間のターンアラウンドは可能であり、さらに短縮することさえできるのだと、パイロットとエンジニアに証明することにもなった。

その危機を脱したすぐ後に、別の種類の問題に行き当たった。この事業に致命的な打撃となりかねない問題に。9M－AABを修理した後には、二月末の春節の休暇が近づいてきていた。一年前にスタンステッド空港で、私とコナーは航空券をウェブで販売し、売り上げの七パーセントを取る旅行代理店の仲介をなくすことについて話し合っていた。けれど、この時点ではまだ、旧エアアジアから引き継いだ販売システムを採用していて、ウェブ予約エンジンで顧客に直接販売する方式には切り替えていなかった（ライアンエアーはコナーが言う「オープン・スカイズ」というシステムを導入していたが、私はまだ意見を決めかねていた。ほかに片付けなければならない問題——バードストライクとか——が多すぎたのだ）。ホリデーシーズンが近づき、私は膨大な売れ行きの報告を受けていた——事業を始めてまだ二カ月だったが、二月末に六万五〇〇〇席が売れていた。搭乗率は八五パーセントが見込まれている。この売り上げがあれば、設備投資と開発をさらに進められるだろうと期待していた。

私は旅行代理店の役割について、ちょっと気になっていた。コミッションのことだけじゃない。旅行代理店のネットワーク全体を、マレーシア航空ががっちり支配しているのではないかという気がしたのだ。向こうにはより多くの路線、航空機、座席数、さらには強い影響力もある。確たる証拠はなかったが、もし旅行代理店がマレーシア航空以外の航空券を売りはじめたら、マレーシア航空はその代理店との取引をやめるんじゃないかと、とにかく気がかりだった。

こういう背景を踏まえて休暇が始まる前日になり、搭乗者数の日報に突然、二万五〇〇〇の空席ができたことが示された。どうなっているのか確認すると、私は本当に久しぶりに怒りくるった。どうやら、旅行代理店が座席を〝購入した〟ことにして仮押さえし、飛び込みでやって来た客にすぐに売れるよう、確保しておいたらしかった。代理店は事実上わが社の〝在庫〟をすべて押さえて、誰かが欲しがってもこちらでは売れないようにしていた。そして、販売できる期間が過ぎ去ると、座席を返還したのだ。私は販売しようのない空席を二万五〇〇〇も突き返されて、またもやピンチに追い込まれた。

私はすぐさまコナーに電話をかけた。「ナヴィティア社（オープン・スカイズ・ウェブ予約システムを所有する会社）の運営者に連絡を取りたい。明日にはミネアポリスに行く」

私は到着して数日で、契約を結び、一カ月経たないうちにシステムを導入した。

旅行代理店の一件によって、私とディンはこのビジネスモデルを成功させるには、コストに集中する必要があることを痛感した。「コストは王様」という私たちのモットーは、この時期に生まれた。もっと切り詰められるところがないか、あらゆる契約に関わる金額をひとつひとつ確認し、あらゆる出費と収入を確認した。例えば、座席のヘッドレストにテレビ画面を取り付けないかと、ある会社に提案された。その取引を持ちかけてきた会社は、スクリーンと取り付け費用は向こうで負担し、広告収入は折半でと言ってきた。いいことずくめに思えるが、ディンと私は検討した結果、三つの理由から断ることにした。ひとつには、スクリーンを取り付ければ機体が重くなり、燃費が悪くなるから。もうひとつには、機体内部の配線が複雑になり、不具合の元になりかねないから。最後の理由は、乗務員から乗客に商品を直に販売させたかったから（乗客が画面を見ていたら、あまり買ってもらえなくなるだろう）。私たちは断固としてコストを削減し、断固としてビジネスモデルを押し通した。

そして、ビジネスモデルそれ自体が大きな波を起こしはじめた。コタキナバル行き九・九九リンギットの広告を初めて出すと、国中が大騒ぎになった。電話システムがまさに「溶けて」しまい――予約が殺到して交換機がオーバーヒートしたのだ――空港に人々がどっと押し寄せた。スタッフは圧倒され、顧客はチケットカウンターに向かうため互いに押し合いへし合いした。その経験の後、私たちは群衆を整理するため、整理券の発券機を購入した。

エアアジアに追い風が吹き始めていた。私たちは三機目の飛行機――コートジボアールからエール・アフリックの中古のボーイング737――を買い、納入前にシンボルカラーの赤にペイントするよう注文してあった。エアアジアが所有する残りの二機は、地上に留まっている時間が短くてペンキを塗る暇もなかったので、旧エアアジアのカラーのままだった。だから、新生エアアジアの赤で彩られた9M－AACが、スバン空港に向かって降下してきたときは、感動的な瞬間だった。飛行機が近づいてくるのを展望台からみんなで見守っていると、私はタッパーウェアの出張から帰ってくる母さんを待っていたときのことを思い出した。飛行機が着陸すると、胸が詰まった。客室乗務員のひとり、アンドレア・ピントが泣き出した。彼女は私を見て言った。

「わたしたちは五年間、三機目の飛行機を待ちつづけていたんです。あなたはこの会社を引き継いでから、たった三カ月でそれをかなえてくれた！」

スタッフがどれほどエアアジアを成長させたがっていたか、進歩をもたらさない古い経営体制にどれほど不満を抱えていたのか、私は認識が足りなかった。彼女のプライドと向上心に、私は心を揺さぶられた。

九月にDRB－ハイコムと最初の契約を交わしたとき、私はエアアジアをこのままスバン空港から発着させてもらえないかと、政府に働きかけていた。飛行機に対する愛が始まった空港に、自分の航空会社の拠点を置くことは、私にとって大きな意味があった。ちょうどKLIAが開港したところで、本社をそちらに移転するようにと強く迫られていた。私たちは必死に抵抗したが、政府は頑として譲ろうとせず、数カ月後には三五マイルほど離れたKLIAへの移転を余儀なくされた。私たちのオフィスは駐機場のすぐそばで、セキュリティを通過してターミナルから二〇分ほど汚い道を歩いたところにあった。私がワーナー・シンガポールから引き抜いたキャスリーン・タンは、デザイナーシューズで出勤するのに飛び散った油、泥、ゴミの山をよけて歩かなければいけないことに、ショックを受けていた。高級ファッションブランドに勤めていたこともあるキャスリーンは、ファーストクラスで飛ぶワーナーミュージックの体験と比べ、設備がどれも簡易なことに驚いていた。

新しい航空機を手に入れて、エアアジアは事業を拡大した。マレーシアで最も重要なビジネスと文化の中心地のひとつ、ペナン行きを四便就航させ、新しい目的地をさらに増やしていこうとしていた。最初のうち、ペナン行きの乗客は少なかったが、あれこれ調整し、試行錯誤を繰り返すうちに、乗客数は増えていった。

エアアジアが開業した頃、一般大衆は飛行機自体に乗ることがなかった。マレーシア航空やシンガポール航空をしょっちゅう利用する人も、割合は少ないがいることはいた――人口の一〇パーセントか一五パーセントといったところ――けれど、残りは飛行機に乗ろうなんて考えもしなかった人々だ。私たちは飛行機利用者の新たな市場を生み出した――が、文字どおり初めて飛行機に乗るという人が多く、右も左もわからなかった。

こちらも私がワーナーから引っ張ってきた運営責任者のボー・リンガムが、考えさせられる話を聞かせてくれた。ある日の午後五時頃、ボーがスバン空港の出国ゲートの手前側にあるベンチの間を歩いていると、待合所と呼ばれるエリアにスーツケースを携えた老夫婦の姿があった。特に気にもせず、一日の終わりの見回りを続け、スタッフや地上整備員の様子を確認した。二時間ほどして、来た道を戻っていくと、あの老夫婦がスーツケースを携えたまま、まだじっと座っているのが見えた。その時点で、スバン空港に残っている航空会社はエアアジアだけになっていて、ほかはみんなKLIAへ移っていたので、ボーは近づいていって声をかけた。

「どうしました？　誰かを待っているとか？」

「いや、私たちは飛行機を待ってるんだけど」

「何時の便ですか？」

「さあ、とにかくここで待ってるだけで……」

この夫婦が乗るはずの飛行機は、午前七時に飛んでいった後だったとわかった。老夫婦は航空券を買い、空港にやって来て、待合所に座って待っていた。バス停みたいに、飛行機が現れて乗せていってくれると思い込んで。

もちろんボーは、この夫婦のために次に乗れる便を手配して、飛行機に乗る手順を教えた。この手のことが毎日のようにあったので、私たちは漫画家に依頼して、ターミナルの扉をくぐってから機内に着席するまで、どういう手順で進むのかを説明する漫画を描いてもらった。私たちは新しい市場を切り拓き、新しい旅の仕方を提供するだけじゃなく、ものすごく大勢の人々に飛行機の乗り方を教えていったのだ。

「誰もが空を飛べる時代」というスローガンは、早い段階で思いついていた。良いアイデアの多くがそうであるように、ある朝シャワーを浴びているときに頭に浮かんだのだ。私は考えていた。この新しい市場に私たちが〝提供する〟ものが特別な理由は何だろう？　既存の航空会社と一線を画する部分はどこだろう？　このスローガンが訴えているシンプルさと大胆さが私は気に入った——それに何といっても、私たちが掲げている航空料金からすると、誰もこのスローガンに異議を唱えることはできない。あの老夫婦のような話を聞き、私たちはスローガンの内容をちゃんと実現しているのだと感じられた。

バードストライクの危機を乗り切った勢いそのままに二〇〇二年を突っ走り、一年間に飛行機をさらに三機増やした。七カ月以内に、四〇〇〇万リンギットの負債のうち、私たちが引き受けた分を完済した。前進しているとまた感じられた。エアアジアは路線を新たに増やし、拡大を続けた。

二〇〇二年の一一月には、ずいぶん足元が固まってきたなと思っていた。そんなふうに感じた途端に心配事が現れるものだと、気づいていてもおかしくなかったのだが。エアアジアは六機の飛行機を所有し、乗客数は増え、新しい路線を開通しようとしていた。スタッフは誠実で、献身的に働きながらも常に謙虚な姿勢を保っていた。スタッフを〝オールスター〟と呼ぶことに決めたのはこの頃で、みんなその名に恥じない働きぶりを見せてくれた。私はこれから国外――タイ、シンガポール、インドネシア――にも飛行機を就航させ、東南アジアに路線網を広げたいと思っていた。ところが、世界保健機関（WHO）――父さんのかつての雇い主――からは別の事態が見えていた。というよりは、SARSと呼ばれる新しい疾病がアジアで広がっているとWHOが発表したことで、航空業界は大混乱に陥った。

SARS（重症急性呼吸器症候群）は二〇〇二年末に中国で確認され、二〇〇三年二月にWHOが世界に発表した。この病気は人から人に感染した――たいていは感染者の咳やくしゃみによる、唾液や粘液の飛沫感染で。機内という密閉された空間は、感染を拡大させる最悪の状況だ。感染を広げないための最善策は、絶対に感染者を飛行機に乗せないことだ。世界中のメディアは大騒ぎしていた。どの新聞もSARSが一面を飾り、ニュース番組でも大きく取り上げられていた。東南アジアでは、多くの航空会社がこの危機を避けて、運航と宣伝を削減した。

私は逆を行くべきだと思った。WHOと感染地域の政府は感染拡大の防止措置を取っており、それに関して私たちがどうこうする義務はない。ピンチのときこそ、埋めるべき隙間やチャンスがあるのだから、積極的に動くべきだという気がした。私はマーケティング部と経理部に行き、広告を三倍に増やすよう命じた。危機的状況に置かれているとき、経理財務部長の大半は、広告費を削減するものだが、実はいちばんやってはいけないことだ。

予想通りの反応が返ってきた。「何を考えてるんですか？　誰も飛行機になんて乗ろうとしませんよ！」

「信じてくれ。マレーシア人のことならわかってる。料金がじゅうぶんに安いなら、リスクを気にせず飛行機に乗るはずだ。死ぬかもしれないと思いながら四〇〇リンギットでコタキナバル行きに乗る者はいなくても、四〇リンギットだったら、リスクを感じないだろう！」

広告を大きく打つと、すごい反響があった。この危機を脱したとき、エアアジアはさらに大きく強くなり、どんな状況でも運航をやめない航空会社として評判が広がっていた。人はいつでも飛ぶ必要があり、エアアジアがその助けになることを知らしめたかった。何しろ、私たちのスローガンはまさにそう約束しているのだから。

私たちは9・11、バードストライク、SARSを切り抜けた。開業してから最初の一八カ月間に、私たちは回復力、ビジネスモデル、社風を試されていた。そして、見事に合格したのだ。二〇〇三年末には、航空機の数は一三機に増えていた。

エアアジアの評判が広がっている証拠として、タイのタクシン・チナワット首相の補佐官から電話がかかってきた。補佐官は、タクシン首相が私たちの仕事ぶりに感心し、タイでLCCを始めたがっていると話した。私はエアアジアのブランドとネットワークを構築するチャンスに飛びついた。シン・コーポレーションとの合弁でタイ・エアアジアを設立し、私はワーナー時代の同僚だったタサポン・ビジュヴェルドを引っ張り込んで、この新しい航空会社の責任者に任命した。設立にあたってタサポンを手伝うよう、ボー・リンガムも送り出した。自分たちのしていることが正しいと、さらに証明された気がした。

二〇〇四年一月、東南アジアがSARSの衝撃から立ち直りつつあった頃、ベトナムとタイで鳥インフルエンザの発生が報告され、数週間のうちにさらに一〇カ国で感染が報告された。またしても、私たちにはどうにもできない世界的な危機が起こったのだ。多くの航空会社はパニックを起こしていたが、今回も私は、他社が退くならこっちは拡張するべきだという考えだった。

二〇〇四年にエアアジアは新規株式公開（IPO）を発表したが、誰も興味を持っていないようだった。片っ端から銀行に当たってみたが、すげなく追い払われた。けれど、クレディ・スイスが私たちの事業――特に、近い将来にマレーシア航空の国内線を引き継ぐかもしれないと私が仄めかしたこと――に可能性を見いだし、ドイツの銀行（DVB）も加わったことで、風向きが変わった。最終的にエアアジアの時価総額は一億ドルの値を付け――スタート地点を考えると驚異的な数字だ――次の段階へレベルアップするべく、株式の五〇パーセントを投資銘柄として売却した。資金が注入されたことは大きな違いをもたらした――最初のフライトからずっと、私たちは手持ちの現金だけでやってきていたのだ。

初期の頃、テクノロジーを活用したことには大きな意味があった。旅行代理店を通して航空券を販売すると手数料を払わなければならなかったが、チケットの収益を最大限にするため、私たちはいち早くオンライン販売を導入した会社だった。航空券はなるべく早く前金で支払ってもらった。キャッシュフローを可能な限り高くするため、乗客に前払いしてもらい、チケットの払い戻しは不可にした。それでも、ＩＰＯの前は、その日暮らしが続いていた。

資金が注入されたことで、競合する航空会社が目を覚ました。二〇〇四年にマレーシア航空は突然、国内線の航空料金をエアアジアと同等か下回る価格に切り下げると発表した。痛烈な打撃だった。思い出してほしい、マレーシア航空は政府の補助金を受けていたので、最小限のリスクしか背負わずに済むのだ。いっぽうエアアジアにとっては、一リンギットが死活問題だった。だから、黙っちゃいられなかった。金融や航空関係のマスコミにはまだひとりも知り合いがいなかったけれど、音楽関係にはつてがあり、何人かは統括編集者に昇格していた。そのうちのひとりであるダトゥク・アヒルディン・ビン・アタン、別名ロッキー・ブルーは、マレー・メール紙の編集者になっていて、マレーシア航空が競合相手を殺そうとしているという内容の社説を書いて、一面に掲載してくれた。おかげで私たちの言いたいことが伝えられ、支援を集めるのに役立った。

私は直接的な手段も取った。運輸大臣が楽しもうとしているパーティーに押しかけたのだ。私の姿を見た途端、大臣は心穏やかではいられなくなったのではないだろうか。マレーシア航空のやり方はフェアじゃないと説得しようとすると、当面はストップをかけることに大臣は同意した。けれど、これで対立関係が明るみに出た。

この運動で、私はロビン・フッドのような役割を果たすことになった。エアアジアが最初から伝えてきたことは、私たちは乗客の味方だということだ——乗客が行きたいと望む場所へ連れていくため、精いっぱいの努力をするということだ。そんな評判が高まっていたことで、政府は、マレーシア航空にエアアジアを潰させるわけにはいかなくなった。そうすれば有権者に不興を買うことは見えていた。

このことをはっきりと認識する出来事があった。マレーシア航空との小競り合いからしばらくして、私は国家経済会議に出席するようにとマハティール首相に呼ばれた。首相に会うのは、航空会社の設立ライセンスを条件付きながら認めてもらったあの面談以来だった。会議室に入ると、出席者全員が恐ろしく暗い顔をしていた——たぶん、私を怖じ気づかせようとしていたのだろう。私は何とかプレゼンをやり遂げた。

長い沈黙の後で、首相は言った。「喜んでいい、きみはすごいことをやってのけた」

会議室の雰囲気は、威嚇から温かい抱擁へと一変した。

そのプレゼンの副産物として、私たちの運動が後押しを受けることにもなった。首相はマレーシア航空の国内線の補助金を打ち切った。これは大きな出来事だった。その瞬間から、マレーシア航空はエアアジアと同じ土俵で戦わなくてはならなくなったのだ――相手はそんな準備はできていなかった。事態はダビデ対ゴリアテというよりも、少しゴリアテ対ゴリアテの様相を呈しはじめていた。今度もまた、エアアジアが本当に進歩していることが感じられた。エアアジアは急速に成長していき、タイ・エアアジアと最初の合弁事業を組み、経営不振に陥っているインドネシアのアウェア航空の四九パーセントの株を入手して提携し、国営であるマレーシア航空の国内線独占状況に対して部分的な勝利を収めた。航空機の数は増えていき、コスト削減に集中し積極的なマーケティングを行ったおかげで、二〇〇一年に引き継いだ負債を完済していた。

二〇〇四年のクリスマス、ロンドンのフラットにいるときに、スマトラ沖大地震による大津波の第一報がニュースで伝えられはじめた。村が丸ごと流される映像を見ながら、私はぞっとしていた。エアアジアの飛行機も、プーケットの駐機場からもう少しで押し流されるところだった。私たちはただちに事態の収拾に当たった――救出と救援のため被災地への飛行機を提供し、できるだけ情報を集めて後方支援を実施した。被災地には大規模な支援が必要になると予測し、「ラブ・プーケット」キャンペーンをスタートさせ、フライトを一便も欠航させないことを原則とした。

インドネシアのバンダアチェの惨状が放映されると、私は現地に飛行機を飛ばす手配をした。正気じゃないとみんなに思われたが、私は繰り返した。

「この地域とつながっておく必要があるんだ、この悲劇のせいで、ここにいる人たちが孤立したり疎外されるのを許すわけにはいかない」

もちろん、復興のために人手も必要だとわかっていた。まもなく私はアチェを訪れた。それまでにいろいろなものを見てきたし、精神的にまいってしまうような悲惨な状況も経験してきていたが、バンダアチェはそれとは比較にならなかった。町が破壊されていた。ハリウッド映画でもあれほどの悲劇は創り出せなかっただろう。家という家が、高層建築物が、土台から引き剥がされ、通りの真ん中に何隻もの船（小さなボートばかりでなく）があり、人々は着の身着のままで何もかも失っていた。打ちのめされた町は、それを見た私たちをも打ちのめした。

誇りにしてもいいと思うが、エアアジアとバンダアチェは、当時と変わらずいまも強い絆で結ばれている。私がバンダアチェに関わるのは、逆境から前向きなものを作り出すため、責任を果たし、行けるならどこへでも行って力になりたいという思いの表れだ。

エアアジアはたくましく成長しはじめた。さらに飛行機を増やし、オペレーションはスムーズになり、世間の注目をますます集めた。財政的にも向上していて、マーケットシェアに関する限り、賢い経営もできているようだった。

会社としてかなりの自信がついていて、私たちは世界最大のスポーツチームのスポンサーを引き受けることになった。二〇〇五年、マンチェスター・ユナイテッドFCから、公認カフェのスポンサーにならないかと話を持ちかけられた。正直なところ、少し驚いた――世界最大のサッカークラブが、どうしてアジアの小さな航空会社に興味を持つのだろう？　けれど、提携することがエアアジアにとって意味を成すことはわかった――マンチェスター・ユナイテッド（マンU）の最高経営責任者デヴィッド・ギルは、アジアにはクラブのファンが四〇〇〇万人ほどいると見積もっていて、私は是非ともそれに関わりたいと思った。とはいえ、カフェではちょっと物足りなく感じ、私はデヴィッドに言った。「いいや、クラブのスポンサーになりたい」

デヴィッドは答えた。「話をしよう」

私はロンドンに飛び、マンUの広告部長に就任したばかりのアンディ・アンソンと会った。そして、ピッチサイドの電光掲示板にエアアジアのロゴを出すという、最初の一年契約を結んだ。

これがどんなに大きな取引か、言葉で言い表すのは難しい。当時のエアアジアはまだ所有する航空機も少なく、オールド・トラフォードを訪れた私とディンは、田舎の村から出てきた少年たちのようだった――試合を観るどころじゃなく、電光掲示板にいつエアアジアのロゴが出るのかと、そればかり気にしていた。

双方にとって利益があった。サー・アレックス・ファーガソンは、チーム全員が写っているスポンサー写真はエアアジアだけだと話してくれた。サッカー選手は綺麗な女性が好きなものだが、それだったら、エアアジアには、飛行機一機満席分くらいいたのだ（もちろん美しい男性たちもいたが、選手たちはそちらにはあまり興味がなかったようだ）。私たちはいくつかの飛行機のテールフィンにマンUのエンブレムをペイントし、胴体部分に選手の肖像を描いた。ある飛行機――リオ・ファーディナンド、アレックス・ファーガソン、パク・チソンがデザインされたもの――

は、特に良く覚えている。何しろ、パク・チソンはのちにQPRに一シーズン在籍したのだ。

私たちはこの取引を絶えず活性化させること――スポンサー契約の重要な部分だ――に取り組み、提携を最大限まで活かして定期的にさまざまなイベントを共同開催した。飛行機のペイントに加えて、アジアの子どもたちを対象に選抜コンペティションを開催し、飛行機いっぱいの勝者をマンチェスターに試合観戦に連れていったり、マンUのグッズを機内で販売したり、選手をクアラルンプールに招いたりもした。ほかのアジアの航空会社も、私たちが創り出したこの流れに続いた。今回も、いち早くやるということが重要だった。マンUにはアジアに大勢のファンがいるので、エアアジアのブランドはこの提携によって莫大な利益を得た。それにディンと私は、サー・ボビー・チャールトンやアレックス・ファーガソン、ウェイン・ルーニーといったそうそうたる顔ぶれと親しくなることができた。この契約は三年続き、私は初めてサッカーの世界を味わうことになった。

二〇〇七年から二〇〇八年にかけて、ウォール街と世界市場は金融危機に見舞われた。エアアジアは銀行の熱心な勧めを受けてヘッジ投資していた原油価格によって、ひどいあおりを食った。下落する前まで、原油価格はとにかく上昇を続け、どの航空会社も苦しんでいて、私たちはリスクコントロールのためにヘッジポジションを取っていた。世界金融危機が発生すると、原油価格は暴落し、私たちの現金は吹っ飛んだ――一〇億リンギットが。エアアジアの資金は五〇〇万～一〇〇〇万リンギットほどに減少してしまった。二〇〇一年に事業を立ち上げたときと大差ない金額だ。けれど、気持ちも新たにコスト削減に集中し、積極的なマーケティングを行い、初期の頃の倹約姿勢に立ち返ることで、二年足らずで資産を一〇億リンギットまで回復させた。

それ以来、私はデリバティブ・ゲームは避けている――あれは悪夢だ。私は極めて慎重にリスクを回避するようになった。ヘッジ取引をする場合は一年だけにして、金利も為替レートも可能なものはすべて固定にしている。デリバティブ取引をしている企業もあるが、私に言わせれば、会社の金をカジノに突っ込むようなものだ。原油価格がどちらに動くのかわかっていれば、ヘッジする必要はない、簡単なことだ。動きがわからないのであれば、無理やりサイコロを振らされているようなものだ。何があっても、会社の金でのギャンブルは避けるべきだ。エアアジアにとって、あれは危うく命取りになる失敗だった。

私たちはあらゆる前線で必死に戦った。粘り強さは私の最大の強みのひとつで、競合相手にとっては何よりも厄介な特徴と言えるかもしれない。マレーシア航空から路線を奪うのは簡単なことじゃなかったし、シンガポールへの直行便を就航させるまでには七年かかった。最初の頃、エアアジアはシンガポール政府によって直接の乗り入れを認められていなかったので、マレーシア南部のジョホール州――シンガポールからバスで四〇分ほどの距離――まで飛行機を飛ばし、そこから乗客に国境を越えさせることにしていた。路線を就航させた初日、飛行機を降りた乗客がシンガポールの国境にたどり着くと、バスを没収され、乗客は路上に放り出された。私たちは乗客をシンガポールに入国させられなかった――シンガポール政府から、エアアジアはそれほどの

り通すしかない。

妨害を受けていた。
だから、二〇〇八年になって、シンガポール・チャンギ国際空港に最初のエアアジアの便が着陸したときは、幸せな瞬間だった。何かを信じているなら、断固として取り組み、最後まで頑張り通すしかない。

予測不能だという点こそ、私がビジネスを楽しんでいる理由の一部であり、エアアジアの歴史に共通するテーマでもある。数々の不測の事態を乗り越えて、二〇一二年にはアジアの航空業界の大きな勢力になっていた。航空機の数は一一八機に増え、二〇〇〇万人近い乗客を運んできた。エアアジアは多くの競合相手をぶっちぎって成長し、〝大物たち〟は心配しはじめていた。

二〇一二年、ＣＩＭＢ〔マレーシアの大手金融グループ〕銀行頭取のナジル・ラザク（私はジェイと呼んでいる）が私に会いに来て、ある取引を持ちかけてきた。一〇年前に言われていたら、下手な冗談でからかわれていると思っただろう。マレーシア航空のＣＥＯのイドリス・ジャラが、この三社の合併について検討してみないかと、ジェイに提案してきたのだという。私の反応を本に書くのははばかられるが、とにかく一度は興奮して喜んだ――フラッグ・キャリアが提携を望むところまで来たのだ。大きな勝利だった。
もちろん、理論上では文句なしに筋の通った話だった。マレーシア航空はもう何年も経営不振にあえいでいた。一九九〇年代には個人が所有していたが、経営がめちゃくちゃで、政府が介入して買い戻さなければならなくなった。おかしなことに、その所有者も航空事業の経験がまったくなかった――が、そちらはうまくいかなかった。私たちがエアアジアを立ち上げようとしていたときも、マレーシア航空は首相官邸のドアを叩いて、航空会社の未来を守るため再融資を受けようとしていた。

その頃、イドリスは閣僚になるためマレーシア航空の統制権を譲っていた。政府は合併の考えを概ね気に入っていたが、私はふたつの会社を経営することにいくぶん不安を感じていた。合併の代わりに、株式交換ではどうかという話になった――要するに、私たちはマレーシア航空の持ち株を手に入れ、政府はエアアジアの持ち株を手に入れることになる。この取引の最大の狙いは、国内市場の効率性を高めることにあった。しかし、政府は当時、消費者保護のため、商業市場における自由で公正な競争を保証すべく、マレーシア公正取引委員会（ＭｙＣＣ）を設立しているところでもあった。マレーシア航空とエアアジアが協力するということは、この新しい委員会の意図に反し、訴訟になる可能性があった。というわけで、私たちは大きな問題と直面していた。

それに加えて、古典的な問題にも直面していた。ふたつの航空会社間のあからさまな敵対心だ。私は消費者のために状況を改善できるなら、喜んで協力して働くつもりでいる――何といっても、すべての人に尽くすという主義の下に、エアアジアは築き上げられているのだから。けれど、エアアジアとマレーシア航空は広告・宣伝で激しい戦いを繰り広げてきたので、乗客のためになることだとはいえ、エアアジアのスタッフは一緒に働くとなれば、自尊心をぐっと抑えなければならなかっただろう。

もしも提案されていたように、私がふたつの会社を経営することになっていたら、役員会の雰囲気はとげとげしくなり、共同で新しいことに取り組もうとするたびに、マレーシア航空の社員からは疑いの目を向けられていただろう。ディンと私がマレーシア航空の役員会に出席し、マレーシア航空の代表者がエアアジアの役員会に出席するという段階にまで差しかかっていた。これは厄介だった――マレーシア航空が料金を値上げしても、エアアジアがどこかの路線から撤退しても、私の責任というわけだ。マレーシア航空が関わっている限り、私は勝てず、常に羊小屋の中にいるオオカミのように見られることになっただろう。

そんなわけで、この協定を解消しようと、政治圧力団体と労働組合が働きかけた。ついに首相は、この取引は経済的には堅実だが、政治的には地雷原を行くようなものだと表明したと、ジェイから聞かされた。

結局、政府はこの取引を解消することにした。既にスケールメリットがあり、資産を共有することの利益が生まれはじめていたのでもったいなかったが、継続はできなかった。私たちにしてみれば、チャンスをほとんど活かすことができなかったが、マレーシア航空にとっては、それどころの問題じゃなかった。取引がすべて破綻した後、マレーシア航空は大規模なリストラを余儀なくされ、数千人もが職を失うことになったのだ。

悔しい結果にはなったが、エアアジアに関する限り、やはり画期的な出来事だった。政治情勢の問題さえなければ、ナショナル・フラッグ・キャリアがエアアジアと合併していたのだ。それだけでも大きな意味があった。

熱い炎に鍛えられて強い金属ができると言われているけれど、エアアジアが初期の頃に経験した危機の数々は、大いに熱を生み出した。苦難を乗り越えるたびに、私たちは強くなった。引き下がるのではなく、真っ向から果敢に挑んでいくことで。安全さえ脅かされなければ、ピンチはチャンスを運んでくるものだと私は考えている。最初の六年間にどんなことが起きるのか知っていたとしても、私は航空会社を始めていただろうか？　答えはイエスだと思いたい。私たちは信じられないほど一生懸命働き、つらい時期もあったけど、それを越えた後は、かなりうまくいっていると感じられた。たった二機の飛行機とわずかな路線、月々四〇〇万リンギットの赤字を抱えた航空会社を、私たちは一二年間で、一五八機を一八二路線に就航させ、四二六〇万人の乗客を運び、五一億一〇〇〇万リンギットを売り上げ、表彰まで受けるＬＣＣに成長させた。タイ、インドネシア、フィリピンに合弁事業の提携会社があり、長距離路線を運航するエアアジアＸを設立した。そして、エアアジアは信頼できて大きな価値のあるＬＣＣだという評判を得ている。

二〇一三年の終わり頃、私はあるジャーナリストに、これだけのことを経験してきて、後は何が怖いかと質問された。私は未知のことが怖いと答えた。その未知のことが、まさに起ころうとしていた。

MALAYSIA
Asia.com

第7章

惨事

BGM：「ティアーズ・フォーリング・ダウン・オン・ミー」　キャロル・キング

二〇一四年一二月二八日の午前八時二五分、電話が鳴った。私はクアラルンプールの自宅のバスルームにいて、二人の子どもたち、ステフとスティーブンと出かける準備をしていた。私たちは楽しいクリスマスを過ごし、休暇の締めくくりにショッピングに連れていく約束をしていたのだ。

私は電話に出た。

「トニー、ボーだ」

鼓動が激しくなった。ボー・リンガムが電話してくるのは、深刻な問題があるときだけだ。

「インドネシア・エアアジアのエアバスがレーダーから消えた……」

「何だって？　いつ？　どこへ向かっていた？」

「トニー、いまのところ私が把握しているのは、スラバヤ発シンガポール行きの便で、午前五時三五分に離陸して、最後に連絡が取れたのは午前六時一八分だったということだけだ。たったいま、エイドリアンから連絡を受けた」

前にも話したように、エイドリアン・ジェンキンズは、最も熟練したパイロットのひとりで、フライト業務グループ長を務めている。エイドリアンはボーに電話して、問題が起きている可能性について知らせていた。二人とも空港のオフィスに向かっていた。

私の身体に反応が来た。口の中が渇き、胃がひっくり返るような感じがして、壁に手を突いて身体を支えた。訓練なんかじゃないことはわかっていた――これは本物の緊急事態だと、腹の中で、血液中で、どこかでわかっていた。

私もＫＬＩＡに行くということで、すぐに話が決まった。車に乗り込み、たまたまシンガポールにいたディンに電話した。ディンは、当局と連絡を取って何ができるか確かめるため、空港に直行した。最も恐れていることが現実になったら、じきに大勢の家族たちが空港にやって来て、ディンには私たちとの橋渡しになってもらうことになるだろう。

運転している間に、不安が高まっていく。この年は東南アジアで飛行機事故が相次いでいた。三月にはＭＨ３７０――マレーシア航空のクアラルンプール発北京行き――が消息を絶ち、二三九人が亡くなったとされている。さらに七月には、アムステルダム発クアラルンプール行きのマレーシア航空機が、ウクライナ東部の上空で撃墜された。犠牲者数は二九八人に上った。私たちエアアジアのスタッフも、この事故に深く心を痛めて、当時マレーシア航空に対して私たちにできることがあれば力になると申し出ていた。

エアアジアは何度か誤報を受けたことはあった――一度は私が首相との会談に臨もうとしているときに、インドネシアで飛行機と連絡が取れなくなったとボーから電話を受けた。私はそのときも同じような身体の異変を感じながらも、会談を続けるしかなかった。半ばを過ぎた頃、どうかしたのかと首相に尋ねられたが、「いえ、大丈夫です」と、もごもご答えるしかなかった。とにかく会談を早く終わらせたかった――実際は何カ月も心待ちにしてきたというのに。ようやく抜け出すと、ボーに電話して、誤報だったと知らされた――CAA（マレーシア民間航空局）が無作為に実施している訓練だったのだ。あまりにも腹が立って、窓から物を放り投げたいぐらいだった。

もう一回は、ロンドンにいるとき飛行機が消息を絶ったことを伝えるプレスリリースが送られてきた。演習だということを、私は知らされていなかった。そのときは心臓が止まった。またか。

エイドリアンと同時に到着し、一緒にオフィスに入った。もうスタッフが集まっていて、さらに続々とやって来ていた。誰もが信じられないという顔をしている。私たちは危機管理室に集まった――これまで入ったことのない部屋だ。それどころか、ほかの何人かは受けていた非常時訓練も、私は受けたことがなかった。

危機管理室に入ると、飛行機が消えたことは疑いようがなかった。

私がインドネシアに行くべきか、それともこっちに残ってインドネシアのスタッフに対処を任せるべきか、議論が重ねられた。でも、私の中では、議論するまでもなかった。弁護士でもインドネシア政府でも、誰に何と言われようと関係ない、私はインドネシアに行く必要があった。理由は単純だ。スタッフが命を落としたかもしれないのだから、そして乗客の家族のために、行く必要があったのだ。弁護士の盾の後ろに隠れるつもりはなかった。だから、スラバヤに飛んだ。フライト中ずっと、新しい情報や、支援と励ましのメッセージをツイートしていた。メッセージの多くはスタッフに向けたものだった。ひどく傷ついているだろうとわかっていたから。

いくつものツイートがBBCやCNNで放送され、世界に広まっていることには、気づいていなかった。私にとっては、さまざまな立場の知人や、客室乗務員、このことで動揺しているすべての人々――乗客の家族たち――そしてエアアジアの家族みんなに向けた、個人的なメッセージのつもりだった。言い換えれば、PR活動や戦略なんかじゃなく、何人かの弁護士に提案されたようにインドネシア便とマレーシア便を区別するつもりも一切なかった。これはエアアジアの悲劇であり、私たちみんなに影響を及ぼすことだった。

スラバヤ行きのフライトは、人生で最も長く感じられた。機内に座りながら、何を言えばいいのか、頭の中で何度も考えていた。もちろん、何が起きたのかはまだわからないのだから、何を考えても無駄だ。結局、何も準備する必要はなく、私は思いの丈をそのまま話した。悲しみを分かち合おうとし、乗客の家族と、私と同じぐらい苦しんでいるスタッフを励まそうとした。それから、航空会社、政府、救助隊など、物理的に、あるいは心のサポートを申し出てくれたすべての相手に、公式に感謝を伝えた。こういう悲劇と向き合うときは、心からの思いを伝えなくてはならない——原稿文やリハーサルしたコメントでは、思いは伝わらない。

スラバヤに到着したときには、信じられないほどの数のカメラ、レポーター、テレビ局、野次馬が集まっていた。並大抵の状況じゃない。当局が乗客の家族のために設置した空港の危機管理室に入っていくとき、「トニーがいるぞ、トニーが」という声が、どこからか聞こえていた。

乗客の家族の顔を見たとき、事態の重さを痛感した。私はこの人たちをひどく苦しめてしまっているのだ——その苦痛を取り除くために、私に何が言えるだろう？　ＱＺ８５０１便は一五五人の乗客を乗せていて、その家族の多くがこの部屋にひしめき合い、必死に情報を求めている。インドネシア当局が対応に当たっていたが、すべてインドネシア語だったので、私はその場では何もできずにいた。黙ってじっと立っていると、やがて家族のひとりが叫んだ。「会社の顔がここにいるじゃない。あの人の話を聞かせてよ」

そこで私は会見に応じて、質問を受けた。私にも答えようがない質問、部分的にしか答えられない質問もあったが、全力を尽くして事態を把握し、新しい情報が入り次第、必ず知らせると約束した。それから、私はインドネシア政府の運輸大臣と一緒に記者会見を開き、世界で報じられることになった。

会見の後、危機管理室に戻ると、ひと組残らず家族と面談した。彼らの質問は絶望と希望で満ちていた。

「救命ボートに乗っている可能性は？」

「どこかの島に着陸した可能性は？」

「墜落しても、何とか生き延びている可能性は？」

私は心の中では、助かっていないとわかっていたけれど、どちらであるにしても決定的な証拠が見つかるまでは、生存の可能性があるという希望を持ちつづけようとした。機体の一部が発見されたという報告が入りはじめて、軟着陸して生存者もいるかもしれないと束の間の希望を抱いたが、その後運輸大臣と二人きりで話したときに、飛行機が猛スピードで降下していたことを聞かされた。回転してものすごい速さで落ちていったことが、レーダーからわかったのだ。その時点で、私は生存者がいるという希望をすてた。

すると一瞬、責任から逃れようとする気持ちが湧く――誰も自分のせいだとは思いたくないものだ。飛行機が悪天候の中を飛んでいたのはわかっているし、それが墜落の主な要因だという可能性は非常に高かった。けれど、要因ならいくつも考えられる――そして、航空会社もそのひとつとして考えられた。

乗客の家族は穏やかで思いやりがあった。家族を失ったひとりの年配女性は私を叩きはじめたけど、彼女は例外だった。家族がその女性を落ち着かせ、私に謝ったけれど、そういう反応をされても仕方がないと思っていた――その気持ちは痛いほどわかった。私はみんなに電話番号を教え、連絡を取りつづけた。実は、いまでも連絡を取り合っている家族もいる。あのとき、自分にできることは、気の済むまで話し合うことだけだと思ったのを覚えている。私には彼らの愛する人たちを救うことも、生き返らせることもできない。できることといえば、そこにいて、どんな質問にも答えることだけだった。遺族はそのことに感謝してくれているように見えた。だから、私はひたすら彼らと話した――何時間も。シンガポールにいる遺族に対して、ディンも同じことをしていた。私は記者会見でこう話した。「航空会社のCEOにとって、最悪の悪夢です。一三年間にわたって、数え切れないほどの乗客を乗せてきましたが、こんなにつらい思いをしたことはありません。しかし、これからも我々は心を強く持ち、乗客のご家族を支えていきます。ご遺族にとって必要なサポートをするため、これからも連絡を取り合いたいと思っています」

私たちは家族ひと組ひと組に、エアアジアからケアワーカーを派遣した。

次に対処するのは、スタッフのことだ。私はインドネシア・エアアジアのオフィスを訪れ、スタッフを慰め、励ました――この会社のみんなは家族のようなもので、この悲劇の犠牲者は乗客だけではなく、強い絆で結ばれた仲間たちにとっても、同僚や友人を失うことになった。これはインドネシア・エアアジアだけではなく、エアアジアのグループ全体に言えることだった。

スラバヤでの一日目が過ぎると、私は消耗しきってふらふらとホテルの部屋に引き上げた。部屋はひどくうつろに感じられた。ろくに眠れなかったけれど、次の日も、また次の日も、さらに次の日も、何とか一日一日を乗り越えた。その間ずっと、遺族からメッセージが届いていた。深く心を動かされる内容のものもあった。数週間後、私はスラバヤを後にした。広報担当部長のジェニー若菜と話をしているとき、いくつかのメッセージをスクロールしてもらった。私が遺族と直接連絡を取り合っていることを、ジェニーは知らなかった。彼女は会社のみんなと分かち合いたいと思うやり取りを見つけだした。その遺族は快く認めてくれて、愛する人を亡くした家族たちがエアアジアを責めてばかりいるわけじゃないことを、スタッフにわかってもらう助けになるだろうと私は思った。

ジェニーは私に代わって下記のメールを送信した。

＊

オールスターのみんな

ＱＺ８５０１便に搭乗していた乗客と乗務員の家族や愛する人たち、その大勢とぼくはこの数週間にわたって連絡を取り合い、できる限りのサポートをしようと努めてきた。

ご遺族と会って話をし、それぞれの物語を聞かせてもらっていると、胸が張り裂けそうになり、自分の無力さを思い知らされたけれど、みんなと一緒にエアアジアを本当に世界一の安全な航空会社にしたいという決意も新たにした。

ある乗客の家族とのやり取りを、ここに紹介しておく。

一月一二日一九時二五分－QZ8501：トニー、心を強く持って、私はエアアジアの事故に遭った乗客の家族です。あの事故で愛する二人の姉を失いました。あなたはすべてをなくしたとしても、懸命に働けばまた飛行機を買えるでしょうけど、私の場合、神様が奇跡でも起こさない限り、姉たちを生き返らせることはできません。だけど、エアアジアのCEOとして、あなたが責任を果たそうとしたことには感謝しているし、クルーや経営陣があなたから学んでくれることを願っています。それに、この事故がヒューマンエラーによるものではないことも願っています。もしそうだとしたら、愛する家族を失った私たちにとって、やりきれないことだから。でも、ひとりの人間として、あなたのことを応援もしている。このとてもつらい時期に、立派なCEOであり続け、常に謙虚な態度を示し、家族が悲しみを乗り越えられるよう精いっぱい努力してくれたことには、本当に感謝しています。トニー、あなたは前進し続けて、どうかみんなが安全に空を飛べるようにして。神のご加護を。

一月一二日一九時二八分―QZ8501：仕事で毎月、飛行機に乗らなきゃいけないのに、こうしているいまも、空を飛ぶのが怖くてたまらないの。この事故で姉たちだけじゃなく、仕事まで失うかもしれない。お願い、誰もが安全に空を飛べるようにすると約束して。

一月一二日二〇時三〇分―トニー・エアアジア・フェルナンデス：すばらしいメッセージをありがとうございます。心からお悔やみ申し上げます。胸が痛みます。ぼくは必ずエアアジアを最も安全な航空会社にしてみせます。あなたのメッセージをスタッフみんなと共有させてもらいます、もっと向上するために。飛行機に乗るのを怖がらないで。恐怖を克服できるよう、ぼくたちも尽くします。怖がらないで。ぼくも一緒に飛ぶから。あなたのお姉さんたちが、より良い場所にいることを願います。本当に本当に残念です。連絡をください。

一月一二日二一時一六分―QZ8501：いいの、トニー、私は姉たちを解放してあげたいと思っています。これからも誰もが飛べるようにすると乗務員に伝えて、私もとても良い考えだと思う、でもお願いだから安全も忘れないで。私や姉たち、家族みんなと同じように、低価格でも外国に行けるという夢がみんなを幸せにするはず。夢を持ちつづけて、実現してください。

一月一二日二三時五四分－トニー・エアアジア・フェルナンデス：心からお悔やみを。

一月一三日〇時一分－QZ8501：あなたのせいじゃないかもしれないけれど、この事故をエアアジアの皆さんが教訓にしてくれますように。皆さんが元気になりますように。トニー、あなたも乗務員の皆さんも傷ついているのはわかってる

一月一三日〇時二分－トニー・エアアジア・フェルナンデス：一三年間、エアアジアは一度も事故を起こしていなかった

一月一三日〇時二分－トニー・エアアジア・フェルナンデス：一度も。二億五〇〇〇万人を乗せてきて

一月一三日〇時二分－トニー・エアアジア・フェルナンデス：こんなことになるなんて、思いもしなかった

一月一三日〇時一三分－QZ8501：ええ、だから私も家族もエアアジアを利用したいと思

っているの。私を海外へ連れていってくれた、初めてのマスカパイ（航空会社）だから。あなたのマスカパイが私の夢をかなえてくれた

一月一三日〇時一三分－QZ8501：エアアジアの安全に対する姿勢は信頼してる

一月一三日〇時一三分－QZ8501：でもいまは、どのマスカパイでも飛ぶのが怖くてたまらない

一月一三日〇時一四分－QZ8501：だいじょうぶ

一月一三日〇時一四分－QZ8501：ここから学んで、この状況を乗り切りましょう

一月一三日〇時一四分－QZ8501：父でさえも

一月一三日〇時一四分－QZ8501：この事故を許してる

一月一三日〇時一四分－QZ8501：あなたは立派なCEOだと父は言ってる

一月一三日〇時一五分－QZ8501：トニー、前に進んで

一月一三日〇時一五分－QZ8501：あなたが最善を尽くしているのはわかってるから、言っておきたかっただけなの

一月一三日〇時一五分－QZ8501：エアアジアの夢、応援してます

一月一三日〇時一六分－QZ8501：いまは、この事故でとても悲しんでいる大勢の遺族から、たくさんの苦情を受けているでしょう

一月一三日〇時一六分－QZ8501：だからって、誰もが飛べるという夢を決して諦めないで

一月一三日〇時一七分－QZ8501：外国を見てみたいという夢をかなえてくれるんだから

一月一三日〇時一七分－QZ8501：私の夢も

つらいのは確かだ。だけど、諦めるわけにはいかない。亡くなられた方々のためにも、「ナウ・エブリワン・キャン・フライ　Now Everyone Can Fly（誰もが空を飛べる時代）」という約束に従って、夢の実現をお手伝いする責任がある。

ますます熱心に、一生懸命働いて、明るい笑顔でお客様をお迎えしよう。安全は長期にわたって維持するものだ――ぼくたちは絶えず向上し、日々学んでいかなくてはならない。

これまでもそうだったが、みんなで力を合わせれば、また世界一になれるはずだ。

愛を込めて
トニー

＊

一月七日にシンガポールの潜水艦が機体を発見し、海底に沈んでいる８５０１便の写真が出てきた。最初にわき起こった感情は、正直に言うと、安堵だった。必死の捜索が終わったことへの安堵。遺族にとってある種の区切りがつくことへの安堵と、悲しみの次の段階に移る彼らの支援を始められることへの安堵。その後、海面に引き上げられたエアアジアのロゴがデザインされたテールフィンの写真が世界中で報じられると、深い悲しみに襲われた。また、愛する人の安否を証明するものがいまだ見つかっていない、マレーシア航空370便の犠牲者を思い、やるせない気持ちになった。

最初の遺体が発見された——客室乗務員のひとりだった。ハヤティ・ルトフィア・ハミッド——私は彼女の葬儀に参列した。スラバヤで遺体を回収して、彼女の故郷へ運び、弔った。メディアが押し寄せたので、私が参列するのは無神経だと言う人もあったが、遺族は注目を集めることを喜んでいた——亡くなった娘さんは、ずっとスターになりたがっていたのだそうだ。そして彼らの信仰が、喪失を乗り越える支えになっていた。

ディンと私は乗客の葬儀にも参列した。ディンは信心深く、信仰心から力を得ていたのだろう、その強さに私も助けられた。私たちは二人とも感情に動かされやすく、感情を抑えたくても抑えることができなかった。自分たちがどんなに傷ついているのか無理に抑えつけず、そのおかげで不思議とこの悪夢による傷が和らぎ、乗り越える助けになった。

騒ぎが収まっても、航空会社の運営は続いた。乗客とスタッフに安全な輸送手段を提供するという責任は、これからも続いていくのだ。この悲劇に、エアアジアは誠意ある姿勢を見せられたと思う。私たちは最善を尽くして危機に対応した。包み隠さず、正直に、自然にふるまうことしか頭になかった。会社を盾にしたり、匿名の広報の人間を差し出したり、政府の調査官の陰に隠れたりはしなかった。私たちが正面から向き合ったことを、世間の人々は評価してくれたのではないだろうか。

私はこの重大な局面を通して、苦しいときにこそ人間の本当の強さがわかることを実感した。最近では、私たちは「ワン・エアアジア」ということを話しているが、あのときを振り返ると、確かにエアアジアはひとつになっていた——会社が一丸となって、その強さを示したのだ。ケアワーカーのチームには、六、七〇日間、自分の家族を離れて遺族に付き添っていた者も少なからずいた。彼らは誠実に寄り添い、私はこの会社の創設者兼ＣＥＯとして、社員が一丸となって言葉にならない悲劇に向き合ったことが、この上なく誇らしかった。それぞれのできるやり方で協力するため、エアアジア・グループのみんながインドネシアにやって来た。スタッフ全員がこんなふうに立派な対応をしたこと——誠実な態度で、気遣いを示し、正しい行いをしたこと——は、エアアジアの誇りだ。イスラム教徒だろうと、キリスト教徒だろうと、マレーシア人だろうと、インドネシア人だろうと、タイ人だろうと、日本人だろうと、関係なく——誰もが骨折って働いていた。世間はそんな姿勢を見て取り、評価していた。

エアアジアは、インドネシア以外の全地域で一カ月間、マーケティング活動を停止し、インドネシアでは約二カ月間、停止した。

一〇〇パーセント安全だと言い切れる航空会社はない。安全は決して終わりのない競争だ——常に向上しつづけ、起こりうる問題を見越しておかなくてはならない。より良い方法や規格がないか、突き詰めて確められることは必ずある。日々、警戒を怠らず、プロとして安全の確保を徹底することを、常に最優先にするべきだ。

この事故の前、私はF1、QPR、ディンと私が所有しているグループ企業のチューンに関わっていて、エアアジアから少し遠ざかっていたのかもしれない。墜落事故とその結果を受けて、私はエアアジアの仕事に再び身を入れて、この二年間、経営と同じように積極的に事業に直接関与するようになった。墜落事故の直後は、インドネシア・エアアジアを閉鎖するという話も出たけれど、私は賛成しなかった——そしていま、会社はうまくいっている。

けれど、私たちは途方もなくたくさんの涙を流した。葬儀、説明会、機体の部品の発見——どんなときも、深く心を動かされた。

エアアジアにとっては何ひとつ簡単に運んだことがない、と最近ある人に言われたが、まったくその通りだ。私たちが成し遂げてきたことは、すべて血と汗と涙の結晶だ。まっすぐな道なんてひとつもない。私たちは航空会社を設立するという気の遠くなるようなことをやり遂げ、飛行機を飛ばしはじめた。バードストライクで運行できる飛行機の数が半分になった。そのバードストライクも、SARSも、鳥インフルエンザも乗り越えたとき、今度は二〇〇五年にバリ島で爆弾テロ事件があり、事業計画はすべて頓挫した。私たちが成長できたのは、こうした危機的状況において積極的な戦略を取ってきたからだ。世界金融危機が起こったときも、私たちは二倍の努力をして働いて利益を出していたのに、ヘッジ取引をした直後に原油価格が下落し、会社の資金の半分が失われた。そのときも、私たちはどうにか乗り越えたが、今度は最大の悲劇に見舞われた――QZ8501便の墜落だ。私たちは遺族に尽くし、安全性の記録（それまで無傷だった）の見直しと向上に努め、自分たちにない責任まで負わされているかもしれない報告書を突きつけられた。私たちは学び、さらに成長した。

この悲劇を受けて、飛行機を就航させているすべての地域において、可能な限り最高の基準を確実に維持することが必要だと感じた。運営に適合する強制的な基準は、地域ごとに異なっていた。そこで、私たちはエアアジアのグループ構造を生み出し、すべての基準が地域全体の最も高い要求を満たすようにした。

ひとつの国で起きたことが、会社全体に影響を及ぼし、傍から見ればブランド全体に影響を与えた。そこから「ワン・エアアジア」という考えが生まれ、いま実践されている。いまではもう、タイ・エアアジアやフィリピン・エアアジアといった区別をせず、いつどこを飛んでいようと、それはただのエアアジアなのだ。これは航空会社全体を発展させる上で、とても重要なことだ。会社が成長していく中で――スタッフの数は二五〇人から二万人近くまで増えた（さらに増えている）――仲間としての個性と文化を保ちつづけることは不可欠だ。地域のレッテルをなくすことは、みんなをひとつにする上で大いに役立つ。

これまで仕事をしてきて、私が哲学としているのは、常に正直かつ誠実であれということだ。間違いを犯したときは、手を挙げて謝り、間違いを正すためにできることをして、前に進む。それが大惨事であろうと、小さなことであろうと、同じ姿勢で臨んでいる。最近のことだが、私はエアアジアの座席の後ろにあるチューン・プロテクトの広告について注意を受けた。この広告は、看護師を〝うんざりする〟と表現し侮辱していた。エアアジアの飛行機内に決して掲載すべきじゃない、愚かな広告だった。それを人に見せられて、私は直ちにCEOに撤去を命じ、看護師を職業としている人々に素直に謝罪し、公式に声明を出して間違いを認めた。これもまた、手を挙げて謝罪し、前に進んだことの一例だ。

大惨事からもっと小さな問題まで、信頼を勝ち取って名誉を挽回し、向上するための唯一の方法は、嘘をつかず誠実であることだ。QZ8501便と一六七人の乗客と乗務員を失ったことへの私たちの対応は、「危機管理」について書かれた何かの学術論文のテーマになっているらしい。こういう悲劇的な状況に置かれたとき、人はそこから善意が生まれるのを望むことしかできないものだ。人命が失われたこのとてつもなく恐ろしい出来事に対するエアアジアの対応が、誰かの役に立っているのなら、少しは貢献できているのかもしれない。スタッフのコミュニケーションの取りやすさが、ここでは重要な要素になっているようだ。私たちはあえて会社や法という盾の後ろに決して隠れようとしなかった。この状況を救える人間は、まったくいないといってもよかったので、私たちができる限り姿を見せて力になったことは、嘆き悲しむ遺族にせめてもの慰めを与えることができたはずだ。

第8章

エアアジアの旅路

BGM：「カム・フライ・ウィズ・ミー」 フランク・シナトラ

二〇一六年一一月七日、クアラルンプール国際空港第二ターミナルに、エアアジアの新しい本社「レッドQ」が完成した。ワーナーのオフィスの一室を五人でぎゅうぎゅう詰めで使っていた二〇〇一年初め頃から、エアアジアの二万人いるスタッフのうち二〇〇〇人が勤務する、一万八〇〇〇平方メートル六階建ての輝くこの社屋に至った。揺れの激しい長距離飛行を続けて、やっとここまで来たのだ。

空間の使い方と設計は、私のビジネス哲学を反映している。どこにも間仕切りがないか、壁に囲まれた部屋があってもガラス張りだ。個室を持つ者はない。明るく風通しの良い空間を作り出している広々した天井の高いアトリウムに、対角線になった通路、自由に座れるスペース。すべて同ビル内で調理されている、できたての七種類の料理を提供するカフェテリアでは、健康的な食事を重視している。ショップ、ジム、ATM、コーヒーステーションも備え、医師とメディカルチームも常駐している。託児所やその他の暮らしに便利なプランも用意されている。オールスターのみんなが不満を抱いたり気を散らされたりすることなく働けるよう、できるだけのことをしている。レッドQは駐機場に面していて、わが社の飛行機が地上を移動し、離着陸する様子が見えるので、自分たちが何をするためにそこにいるのか、絶えず意識することができる。このビルを設計したとき、誰もが能力を最大限発揮できる環境を効果的に創り出せるよう、スタッフの提案を真摯に受け止めた。私の最高の喜びのひとつは、朝レッドQに入り、みんなが楽しそうに仕事をしている声を聞くことだ。

オープニングセレモニーは、私にとって信じられない瞬間だった。レッドQは、私たちがどんな組織に成熟したかを――東南アジアで突出した地位を築いた企業ということを表しているようだ。KLIAに飛行機が入ってくるとき、最初に見えるブランドがエアアジアなのだ――何年も前にルートン空港で私が見たブランド、イージージェットみたいに。

これを書いている間にも新規路線の契約を結んでいて、最終的にはインドから中国、日本、インドネシア、フィリピン、マレーシアまで、アジアのあらゆる主要な国と地域で運営する航空会社を確立するという夢を達成したいと願っている。すべての地域でナンバーワンの航空会社になれるよう、私たちは懸命に努力している。数々の挫折を繰り返しながら、エアアジアは驚異的な成長を遂げている。従業員の数は約二万人。売り上げはうなぎのぼり。二〇二八年までに航空機の数は五〇〇機に届く予定だ。航空券の売れ行きに合わせて、二〇一七年六月には、エアバスを二〇一九年までに一四機追加する契約を交わした。その契約書にサインをしたことで、エアアジアはルフトハンザとエミレーツを抜いて、エアバスの最大の顧客になった。二〇〇一年の創業以来、エアアジア・グループはエアバスから六八八機の航空機を購入することになり、その総額は九〇〇億ドルに上る。

二〇一六年七月、エアアジアは九年連続でワールド・ベスト・ローコスト・エアラインを受賞した。私たちはもう、航空業界の弱者でもロビン・フッドでもない。エアアジアはいまや巨人ゴリアテになり、ゴリアテになったことでまったく新しい挑戦を受けている。

レッドQの六階の壁には、一枚のポスターが掲げられており、ディンはエアアジアについて誰かに説明するときに、これを指さしている。そこにはシンプルな言葉が書かれている。「ワーク・ハード、ステイ・ハンブル　Work hard. Stay humble.（懸命に働こう。常に謙虚であれ）」

二〇一七年にプーケットで開催した会議で、私は上級管理職のチームにこの言葉を思い出させた。この会議のテーマは「フューチャー・プランニング&カルチャー」だった。私は上級職のチームに、エアアジアがどうやって始まったか、私たちの使命と価値は何かをもう一度言い聞かせておきたかった。アジアの航空産業を支配するつもりなら、実際にはゴリアテであっても、ダビデのような姿勢を保ちつづける必要があるからだ。それをどう実行するかが、この会議の要点だった。これを成し遂げるには、社風が肝になると私は話した。

エアアジアがトップに立つためには、ふさわしい社風をどうやって生み出し維持すれば良いのか？　すべてはスタッフと、彼らがどう考えてどう行動するかにかかっている。

私たちが既に取り組んできているのは、内部に目を向けることだ――競争相手はどうでもいい。ライバルは自分たち自身だ。思い上がったり、コストを気にしなくなったりするときが来たら、そのときは心配するべきだろう。いつだって、それが私たちの戦いだ。コストを抑えるべく自分たち自身と戦うことは、この地位を守るための基本となっている。

多くの企業は表面的なブランド戦略に集中しているが、私は社内のブランド戦略――スタッフが会社をどう考えているか、任務と戦略にどう対応しているか――のほうが重要だと信じている。スタッフがその会社の理想を理解し、支えて向上させようとしていれば、五〇パーセントは達成したようなものだ。スタッフが会社のビジョンを理解していないのに、なぜ外の人間に向けてそれを売り込めるだろうか？　スタッフがしっかり理解していれば、一人一人が歩く広告になる。私たちはその点で非常にうまくやってきていて、ＱＺ８５０１便が墜落したときのスタッフの対応からも、その価値が見て取れるはずだ。

前にも言ったように、みんなが自分を表現できる環境を作り出すことが何より重要だ。エアアジアの最高のアイデアの多くは、スタッフが思いついたことだ。たいていのビジネスでも同じことだろうけど、私たちは誰もがアイデアを出せる社風を作り上げてきた。社員数が大幅に増えていても――一六年間で二〇〇人から二万人になった――引き続きこういうことができる環境と土台を維持することが重要だ。

話は二〇〇四年に遡るが、セリア・ラオ・シオ・ウン（大中華圏で採用した最初の従業員であり、現在は香港とマカオの事業を担当している）は、マカオ行きの就航を提案した。エアアジアはマカオに就航した最初のＬＣＣになった。それ以来ずっと飛ばしつづけ、いまでは一日四便をクアラルンプールやその他のハブ空港からも就航させている。

エアアジアの家族たちと一緒に時間を過ごすときはいつも、私は提案を受け入れ、アイデアを見つけている。例えば、エアアジアで働いていたインド人エンジニアの葬儀に参列したときのことだ。深く心を動かされる葬儀だった。葬儀の後で、悲しみに暮れる同僚が、ティルチラーパッリという行き先について話してくれた。聞いたことのない地名だった。私はルートプランナーに調査を頼み、いまではそこへ定期便を飛ばしている。こちらも、就航させたのはエアアジアが最初だった。

創業して間もない頃、私はチーフエンジニアと話をしていた。彼は、もしパイロットがちょっと違うやり方で飛行機を着陸させれば、車輪の寿命を延ばせるはずだと言った。

「何でパイロットにそれを言わないんだ？」と、私は質問した。

「まさか、言えるはずがないですよ。飛行機の飛ばし方について、私たちエンジニアがパイロットに口出しするなんて」。彼は躊躇しながら答えた。

「だったら、いまからそれを変えよう」

当時、飛行機は六、七機しかなくて、すべてが一日の終わりにクアラルンプールに帰ってきて、それからエンジニアが夜のうちに整備することになっていた。その日のことと翌日のことについて話すため、私はよくパイロットを呼びつけていた。その夜、私はチーフエンジニアがパイロットたちにアイデアを話す場を設けた。真夜中近くに、個人秘書のキムから電話があった。「来てもらったほうが良さそうです。ミーティングがちょっと過熱しているので」

会議室に入ると、パイロットたちが激しく反抗していた。彼らの言い分を聞いた後で、私は言った。「みんな、これはきみたちのためなんだ」

私たちはタイヤひと組あたりの着陸回数を八〇回から二二〇回に増やした。これはパイロットとエンジニアの親密な連携の始まりでもあった。私はその日、彼らはどちらも同じ肩章を付けるべきだと思った――何と言っても、エンジニアがいなければ、パイロットは空を飛べないのだから。

もしも社員が怖がって発言できずにいたら、アイデアが出されることもなく、会社は現状を革新しない。革新しない事業は死に絶える。ノキアやブラックベリー、コダックがいい例だ。どれも現状に甘んじて、苦境に陥った。ビジネスは進化する必要があり、変化をもたらすのは社員だ。会社が変化にどう対応し、順応していくかが、非常に重要だ。

私たちは初期の頃から社内コミュニケーションのプラットフォームとして、グーグル・プラスを利用していたが、オールスターのみんながアイデアやメッセージを発信するのには、あまり役に立たなかった。その用途には向かなかったというだけだ。ある日、ビジネスコミュニケーション用に開発されたフェイスブックの新しいプラットフォーム、ワークプレース Workplace に関する記事をウォール・ストリート・ジャーナルで読んだ。私は翌日フェイスブックに連絡し、すべてのスタッフのパソコンにインストールする契約を四日以内に結んだ。これで八〇〇〇人が即時に会話できるようになった。新しいことを取り入れていく必要があり、やるときはすばやく行動しなくてはならない。多くの企業が、テクニカルチームによる分析、人事部と各部署の代表者による意見交換という評価プロセスに半年間を費やして、ようやく決断を下している。それじゃ遅すぎる——前にも言ったが、分析による停滞というやつだ。それではアイデア全体が勢いと焦点を失い、着手する前から座礁してしまうだろう。

私はスタッフに、仕事で何か気に入らないことがあれば、どんなことでも話すようにと促している。すべてに同意するというわけじゃないが、ともかくそれでクビになったり、何らかの形で咎められたりすることを恐れずに、発言できる基盤と機会は設けてある。最近、私はフライトクーポン（エアアジアのスタッフは、飛行料金の大幅な値引きを受けられる）が悪用されているのを理由に、配布をやめた。すると、不満を訴えるメッセージが山のように届いた——間違っている、不公平だという内容や、悪用の問題に取り組む別の方法を提案するメッセージだった。私はアイデアに耳を傾け、話し合い、共同体として六時間以内に方針を改正した。そのとき、私はふたつの理由でみんなを誇りに思った。ひとつに、正しくないと思うことに立ち向かう勇気を持ってくれたこと。もうひとつは、みんなが恐れずにそういう行動を取れる社風と環境になっていたこと。

経営者や取締役、CEOは一様に、いつでも扉は開かれていると言うが、実際は決まって閉ざされている。私たちは扉そのものを取っ払った。個室になったオフィスは不満と駆け引きの大きな原因であり、コミュニケーションの妨げになる。立場を気にせず、みんなが自由に動き回って話し合える職場にするのは、とても大事なことだ。現代のリーダーたちは、職場をただ歩き回る時間を持つということが、できていない場合が多い。象牙の塔の六階だか六〇階だかにじっと座って、自分は重要人物だからみんなと交わるわけにはいかないと思っているのだ。私は就業時間の半分は歩き回ることに費やし、みんなと話をして、家族のことを尋ねている。そうやって相手の話に耳を傾けて、信頼関係を築いているのだ。すると、「彼は自分の仕事を理解して、気にかけている」と、みんなが感じてくれる。この感覚は、会社への忠誠心と、共有することを尊重する社風に欠かせないものだ。私はエアアジアの飛行機に乗るとき、いつも同じことをしている——立ち上がり、「ハロー」と、乗客に挨拶する。人と話せばとても多くのことが学べるし、二時間のフライト中、乗客たちは格好の標的だ——どの乗客からもできるだけ多くの情報を手に入れるよう、私は客室乗務員を促している。そこで得られる情報は、千人の顧客から得た評価記入用紙よりも、ずっと役に立つ。

階級制にこだわる一般的なアジア人の経営と、私のスタイルは異なっている。それよりも、平等であるべきだと信じ、フラットな構造がベストだと思っているのだ。私の目標は、上から下まで、階層は三つだけにすること。経営という木を複雑に枝分かれさせるべきじゃない。人は仕事のキャリアを積み、どんどんスキルアップすることが認められるべきだ。もっといい肩書きを欲しがる者をなだめるために階級が作られることがたびたびあるが、経営者は彼らのしてきた仕事に注目しなければならない。

階層性は、私がエアアジアでなくそうと努めてきた重しのひとつだ。もうひとつが煩雑な書類手続きで、これは組織にとって最大の敵かもしれないと私は思っている。フェイスブックのワークプレースは、これと戦うツールだ。人事部や通信部からメールを送信するのではなく、誰でも動画をアップロードしたり、考えを共有したり、議論に加わったりすることができる。規則は必要だし、航空会社のようなビジネスの場合はなおさらだけど、その枠組みの中でなら、自由を与えられるべきだ。煩雑な書類手続きは、多くの創造性を潰している。

プーケット島の会議で、まだ創立したばかりで会社が小さかった頃の勢いある社風に立ち返ることについて、私たちはとことん話し合った。会議の席で、スプレッドシートの陰に隠れている人々が目についた。航空事業は、乗客に安全で低価格な楽しい旅を提供するのが仕事だ。一日中ノートパソコンの前に座っていたら、その一員にはなれない。私はみんなに、外に出てできるだけ飛行機に乗るようにと勧めている。

一六年間を経て、私はビジネスを経営する上で大事な三つのことを学んだ。私のビジネス哲学と呼んでもらっても構わない。

1．会社は柔軟に変化するべきだ。

2．会社は型破りであるべきだ

——それによって、これまでにないビジネスモデルを生み出せるはずだから。

3．会社は適切な人材を確保すべきだ。

これまでにうまくいかなかったときは、この三つのうちどれかが当てはまらなかったときだ。これからはエアアジアを〝ただの〟航空会社から、ビッグデータを活用した会社にしようとしている。私はそこを次に開拓すべきだと考えている。データは新しい時代の石油であり、私は将来的にエアアジアを毎年世界一のＬＣＣに選ばれるだけじゃなく、ほかの事業も運営するデータプラットフォームにしたいと思っている。でも、その話はまた別の章で。

第9章

グラウンド・スピード

BGM：「ファスト・カー」 トレイシー・チャップマン

傍から見れば、F1での私の経験はめちゃくちゃかもしれない。最終的には裁判になり、うまくいかないチームを作り、その過程で大金を失った。ベンチャービジネスとしては、大失敗と採点されるだろう。確かにすべて本当のことだが、実際のところ、F1は私とエアアジアのためになったと思っているし、もう一度やり直すチャンスを与えられたとしたら、私はそのチャンスに飛びつくだろう。確かに、違うやり方はするだろうけど——とにかく、絶対にやる。

私のレースに対する情熱は、少年時代まで遡る。子どもの頃、私の一年のハイライトは、ダマンサラ・ハイツから車で三〇分ほどのところにあるバトゥ・ティガの小さなサーキットに父さんと行くことだった。週末はずっと入り浸り、プログラムにあるF2とモトGPのすべてのレースを観戦した。爆音、大観衆、白熱した競争、それらすべてが、いまも心に残っている。

一九七七年にイギリスにやって来たとき、日曜日になると自宅通学の友だちが家に招いてくれて、テレビでグランプリレースを観ていた。学校生活の後半になると、ブランズ・ハッチのサーキットへ出かけていき、サーキットの外に座って車の音を聞きながら、週末はそこでキャンプをした。レーストラックに入るお金はなかったが、レースのある週末にその場にいられる興奮だけでもじゅうぶんだった。

最初から私のヒーローはフランク・ウィリアムズだった。私はタック・ボックスに彼のステッカーを貼っていた。

フランクは車の設計とプロデュースに移る前、ドライバー兼メカニックとしてキャリアをスタートさせ、初めはF2とF3に出走していた。一九七七年、私がエプソム・カレッジに入学した年に、フランクはF1チャンピオンシップに出走し、一九七九年にはコンストラクターズ・チャンピオンシップで二位になり、一九八〇年にはアラン・ジョーンズと両ドライバーズ・タイトルと、コンストラクターズ・タイトルを獲得した。フランクのキャリアと、私のエプソムでの新生活のスタートが重なったからか、あるいは彼が自分の職業、車、ドライバーとレースに激しい情熱を注いでいたからか、私にとってフランク・ウィリアムズはレジェンドなのだ。

私は生涯モーターレースを追いつづけている。一九九九年に新設されたセパン・インターナショナル・サーキットを家族で訪れたとき、私は泣いた。F1カーのエンジンの回転音を聞き、マレーシアでグランプリレースが始まったことを知ったら父さんはどう思っていたかと想像するだけでも、すっかり感極まってしまったのだ。私はこのサーキットにできるだけ足を運んだ。

私の人生では良くあることだが、関わったひとつのビジネスが新しい世界へ誘い、幸運にもそれは私が強い興味を抱いている世界なのだ。二〇〇五年にエアアジアがマンチェスター・ユナイテッド（マンU）とスポンサー契約を結んだのも、その一例だ。その契約について検討していることが報道されると、フランスの大手広告代理店のハバスに勤めるマーカス・ワイトが連絡してきた。私たちはマンUの契約に一緒に取り組みはじめた――すべての過程において、彼と同僚のニック・ロックウッドがマーケティングチームに協力し、こうしてまた重要なパートナーシップが形成されることになった。

それはいまも順調に続いている二人との関係の始まりでもあった。二人がファーPharという自分たちのメディア&スポンサー会社を設立することを決めたとき、私はそのビジネスを東南アジアまで拡大するよう励ました。毎朝サリー駅から同じ電車に乗るだけが人生じゃないと、私は常々話していた。何年もかけてファーが東南アジアに展開するのを見て、私は大きな喜びを感じた。そしていつの日か二人がハバスに挑むときが来たら、力になれるだろうと思っている。

リチャード・ブランソンは別として、私は航空事業では異端児といっていい。本来、私はマーケティングとブランド戦略を専門としているのだから。航空会社のＣＥＯの多くは航空事業のエキスパートだが、私は別の方向からこの事業に着手していて、それが功を奏しているのだ。マンUとの契約は、エアアジアのブランドにとって最高の結果になったので、マーカスとニックと私は、新たなアイデアを模索しはじめた。

二〇〇七年は、スポンサーになるには良い時期だった。金融危機の影響であまり資金がなかったので、マーカスとニックはF1の世界でだんだん良い契約を取ってきてくれた。最初はドライバーのヘルメットにエアアジアのロゴを付けるだけだったのが、やがて車のボディにロゴを付けることについて、ウィリアムズと話し合いはじめた。

ほかのすべての契約と同じく、スポンサー契約は私にとってパートナーと関係を築くことだ。二〇〇七年三月、これからウィリアムズと過ごすことが増えるだろうというところで、ディンと私はフランク・ウィリアムズに会うため、オックスフォードシャーを訪れた。言っただろう、私は人生で夢をかなえてきたって。こんな文章を書くことになると一五歳の頃に知っていたら、自分をつねっていただろう。このミーティングで、私は生涯で最大級の興奮を味わった――フランクはそれほどまでに刺激的な人物だった。三年間のスポンサー契約は、ウィリアムズのレーシングカーにエアアジアの小さなロゴを付けるというものだったが、本当に大事なのはそのことじゃない。契約を結んだとき、フランクは黄金よりも価値のある声明を発表してくれたのだ。

エアアジアが我々のパートナーとして新たに加わることを、たいへん誇りに思います。エアアジアは再スタートからわずか五年でシンガポール航空を上回る乗客を運ぶようになり、グローバルで明確な向上心を持つすばらしい会社です。我々は彼らの国際的成長に尽力し、もちろん、エアアジアの就航地で開催されるいくつものレースに参加するため、チームで同社の飛行機を利用することも心待ちにしています。

スポンサー契約で大事なのは、費やした金額や、ロゴを付けたことによる露出ではなく、提携によって人々を活気づかせることである――スポンサーシップに関わる人々が「アクティベーション」と呼ぶものだ。このために計画と予算を組まなければならない。スポンサーの契約料自体を支払ったら、ウィリアムズやマンUとの繋がりを目いっぱい活用するため、同じ金額を用意しておく必要がある。どんなスポンサー契約でも、成功させるにはアクティベーションが鍵となる。

二〇〇七年四月八日、私は赤いエアアジアのキャップをかぶって、ウィリアムズのチームと共に、セパン・インターナショナル・サーキットのスターティング・グリッドに立った。父さんが私を見たら、ものすごく誇らしく思ってくれただろう。私は涙を拭き、あたりを見回した。サーキットには一二万人のファンが集まり、世界中で数百万人もがレースを観戦している。その週の初めに、ウィリアムズのカラーにペイントされたエアアジアのエアバスに乗って、F1チームはクアラルンプール入りをしていて、その様子がテレビで生中継された。アクティベーションが成果を上げはじめていた。

正直なところ、私はウィリアムズとスポンサー契約を続けるだけでも満足していたと思う。私はグランプリレースを訪れ、フランク・ウィリアムズやロン・デニス（マクラーレンの伝説）のようなすばらしい人々や、ドライバーたちと親しくなれた。エアアジアは世界中に大々的に名が売れるという恩恵にあずかった。二〇〇八年のF1テレビ中継の視聴者は、世界中で合わせて六億人ほどだと見積もられている——大量の広告を打っても、世界中で合わせて六億人ほどだと見積もられていても、物議を醸すような宣伝をしても、これほど大勢に見てもらうことはできない。副次的なイベントや波及効果をすべて合わせると、投資した金額以上の価値があった。

ところが二〇〇九年六月、アスコットへ向かっているときに、電話がかかってきた。

「トニー、デジだ」

「やあ、デジ。どうした？」

「カーレースが好きだよな？　ある友だちが、一緒にF1参戦の入札に参加しないかって」

「ハハハ」

「真面目な話だよ。二〇一〇年シーズンに空きがあるんだ——BMWが撤退したから、枠がひとつ空いてるんだ、きみに興味があれば」

人生では常にそう、誰かに機会を与えられたときは、検討だけでもしてみるべきだ。

私はマックス・モズレーに会うため、ブランズ・ハッチを訪れた。まず最初に、率直に教えてほしいと頼んだ。F1チームを運営するには、どれぐらいの金額がかかるのか？　マックスの返事は、年間四〇〇〇万ドル——二〇一〇年のシーズンはテクノロジーとエンジニアリングには重きが置かれず、レースに立ち返ることになっているので、前年ほどの金額はかからない。これは魅力的だった。涙が出そうなほど高額であることに変わりはないが、エンジニアリングの予算の大きさではなく、ドライバーのピットインに焦点を合わせるというコンセプトであれば、新規参入チームもわずかなポイントを獲得するチャンスが大きくなるということだ。ディンと私は数字とにらめっこして、もうひとりパートナーが必要だと判断した。私たちは自動車販売を主に扱っている複合企業、ナザ・グループのCEO、S・M・ナサルディンに連絡した。彼は話に乗ってくれた。

本当にやるとなったら、私たちはゼロからレーシングカーとチームを組み立てなければならない。エアアジアのときと同様、私たちは飛び込もうとしている世界のことを何も知らないのだ。マックスと会った後、最初にやるべきことは、マイク・ガスコインという男と話をすることだった。マイクの前職はフォース・インディア——旧スパイカー——のチーフ・テクノロジー・オフィサーで、その前はマクラーレン、ティレル、ジョーダン、ベネトン／ルノー、トヨタで働いていた。フォース・インディアから降ろされていたので、マイクは私たちのテクニカル・ディレクターとして契約し、車の設計と製作を率いることになった。

そして、私たちは目的に向かって動きだした。モータースポーツの運営組織であるFIA（国際自動車連盟）に入札金額を提示し、銀行保証を提出する必要があった。ディンと私が資金を準備し、入札はエキスパートに任せた。長年ロータスの仕事をしてきたニーノ・ジャッジ、スポーツマーケティング業のサー・ハリー・ナトール、それにマイク・ガスコイン。私たちはペトロナスがスポンサーになってくれないかと期待していたが、彼らはザウバーを選んだ——マレーシアの石油ガス会社が地元チームの後援をしないのは残念だ。けれど、マレーシアの自動車メーカーのプロトン——親会社はDRB-ハイコム——が、歴史あるロータス・レーシングの名称を私たちのチームが使うのを許可してくれた。二〇〇九年七月に入札を行い、私たちは結果を待った。一カ月後の真夜中近く、ロンドンのチェスター・スクエアの自宅にいるとき、電話が鳴った。マックス・モズレーだ。

「きみはF1チームを手に入れたぞ」

私はずっと信じられずにいたのかもしれない。最初にデジから電話をもらってから、必要な金額の合計、カーレースを取り巻くお祭り騒ぎまで。すべてがあまりに現実離れしていた。

こうなったら猛スピードで動かなければならない。ロータスとしてレースに出走したければ、半年以内に車の準備をしてドライバーを見つけ、チームを編成する必要がある。山のような仕事に取り組んでいるスタッフは言うまでもないが、一連のペースには私も疲れてしまった。出走枠を確保した時点で、「チーム」のメンバーは四人だった。私、マイク、チーフ・オペレーティング・オフィサーのキース・ソーント、ゼネラル・マネージャーのポール・クレイグ。マイクのパートナーであるシルヴィーが、窓口役を買って出てくれて、人事、広報、マーケティング担当になった。

二〇〇九年が過ぎていく中、私たちは経験豊富な二人のドライバー、ヤルノ・トゥルーリ、ヘイキ・コバライネンと二〇一〇年シーズンの契約を結んだ。見たところ上々だった。高くついたものの、出だしはうまく行った。

二〇〇九年一〇月のある午後、クアラルンプールの自宅にいるとき、電話がかかってきた。番号表示で、ノーフォーク州ヒンガムのチーム施設からだとわかった。電話に出ると、レーシングカーのエンジンをテストしている轟音が聞こえてきた。夢じゃないと実感しはじめた瞬間だった。

あっという間にお披露目の日がやって来た。二〇一〇年二月一二日、私たちはロンドンのロイヤル・ホーティカルチュラル・ホールに記者を集めて、ロータス・コスワース・T127をカーレースの世界に披露した。このホールは壮観だ――ガラス屋根から日射しが降り注ぎ、明るい色の板張りの床を照らし、輝く白い壁に光を反射している。ロータスの伝統的なグリーンとイエローにペイントされたレーシングカーは、すばらしい仕上がりで、スロープの上に停められて世界中の記者を前にしている。クライブ・チャップマン、スターリング・モス、マイク、ドライバーたちと並んで、立ち上がって短いスピーチをしたとき、私はまだ自分をつねっていた。

「今日、こうしてここに立ち、この五カ月間にわたるチームの努力の成果をご覧に入れられることを、とても誇らしく思います。ぼくたちは大きなふたつのことを達成しました――エントリーを認められ、車をお披露目したことです――が、本当の勝負はこれからです。これからはテスト走行や、シーズンの開幕に向けた準備がありますが、どこへ行こうとこのチームは期待を超えてみせるはずだと確信しています。二〇〇九年九月にロータス・レーシングを復活させてから、日々増えている世界中からのご支援に応えるためにも」

記憶する限り最大の支出と頭痛に苦しめられた狂乱の一年ではあったけれど、ロータス・レーシング・チームとバーレーンのスターティング・グリッドに足を踏み出した瞬間のことは、一生忘れない。私たちは、一九九四年以来不在だったロータスの名称をF1に復活させたことを誇りに思っていた。ドライバーは二人ともレースを完走し、それだけでも大したものだった。この短期間でグランプリ・レースを完走できるレーシングカーを製造したのだから、立派だった。

私が人生で愛するものの大半は騒々しい――ライブミュージック、飛行機、サッカーの試合――けれど、F1のピットレーンに立っているときの大音量に太刀打ちできるものはない。エンジンのパワーとノイズで地面が振動する。煙が立ちのぼる中、タイヤと道具を抱えたメカニックがひしめきあいながら歩き回っている。エンジンの不協和音が静まると、今度はファンの声援であたりがざわめく。感覚という感覚が刺激されて――圧倒されて、ぐったりしてしまう。バーレーン・グランプリの後に受けたテレビのインタビューで、私は浮かれているように映っていたけれど、実はすっかり疲れ切っていて、強烈な経験をした後のように、困惑の色を浮かべながら目を輝かせていた。

このシーズン中、信じられないほど気分が高揚する経験を重ねた。一カ月後にマレーシアでスターティング・グリッドに立ったときには、現実とは思えなかった。一九九九年にここで初めてグランプリレースが開催されたときも、かなり感動したが、故郷でチームのオーナーとして参加する気持ちは、言葉にできないほどだった。もしもチャンスを掴まなかったら、ばかばかしいアイデアだと思ってデジの電話を切っていたら、自分のF1チームがマレーシアでレースをするところなんて、決して見ることができなかったのだ。チャンスを掴み取るんだ、と改めて自分に言い聞かせた。

シーズンが進むにつれて見えてきたが、結果は大失敗でもなければ、大成功でもなかった。レースのポイントは獲得できなかったが、世間の注目を大いに集める離れ技ならやってのけた。モナコ・グランプリの後、ニコ・ロズベルグと食事をしているときに、リチャード・ブランソンがヴァージン・レーシングのCEO、アレックス・タイと一緒にやって来た。二人もテーブルに加わり、私たちはこのF1シーズンでの絶望的なポイント争いについて、ふざけ合った。ヴァージンにもF1チームがあり、そちらも私たちと同じく成績が振るわなかった。私たちはこのシーズンを面白くするチャンスを見つけ、〝賭け〟をすることにした。ルールは単純だ。チャンピオンシップで最終的に成績が悪かったチームのオーナーが、勝者の飛行機に乗り、制服を着て（女性の）客室乗務員として働くのだ。これで勝負が熱くなってきた。ヴァージン航空の制服を着ることを考えて、残りのシーズンに私はチームにことさらプレッシャーをかけることになった。

アブダビで最後のレースを迎え、勝負は接戦になった。日本でヘイキが一二着でゴールしていたおかげで、ロータスはヴァージンより順位が上がり、私たちが僅差で勝った。とはいえ、本当にギリギリのところだった――もしもアブダビでヴァージンのドライバーがひとりでも一二着より上の順位に入っていたら、私はヴァージン航空の客室乗務員の制服であるブラウスとスカートを着用することになっていたのだ。

結局、リチャードがエアアジアの赤い制服を着ることになった。私はレースに制服を持っていったので、ピットですれ違うときに、リチャードの手に制服を押しつけ、シャツにエアアジアのバッジを付けた。リチャードに烙印を押してやったのだ。私は声を上げて笑い、彼も笑った。

「ご搭乗お待ちしております!」

私たちは三度、スタートでつまずいた。リチャードが予定を延期しなければならなくなったのだ。どれも無理もない理由があった。リチャードはまずスキーの事故で、脚の手術を受けることになった。次に、ウィリアム王子とケイト・ミドルトンのロイヤルウェディングに招待された。最後に、何事もなく運ぶかと思いきや、ある夜、ネッカー島にあるリチャードの家が全焼する悲劇が起きてしまった。ほらね、どれもリチャードには責任のない出来事だ。

二〇一三年五月一三日、オーストラリアのパースで、ついに私たちのスケジュールが重なった。リチャードが客室乗務員を務める予定の前日に、私たちはパースに着いた。翌朝のフライトの前に、スターライト・チルドレンズ・ファンデーションの資金集めパーティーに出席することになっていたのだ。この慈善団体は、入院していたり、難病を患ったりしている子どもたちとその家族のために貢献していて、私たちはエアアジアXの航空券が一枚売れるごとに、一〇〇オーストラリアドルを寄付すると発表した。

片手にビール、片手にかみ剃りを持って、私はまず観衆ににっこりほほ笑んでみせた後、リチャードに笑いかけて言った。「じゃあブランソン、ズボンを脱いでもらおうか」

リチャードがしぶしぶズボンを脱いでボクサーショーツ姿になり、私のスタッフがすね毛を剃ると、会場は爆笑に包まれた。私たちはパーティーを続けたが、リチャードは五時間半の客室乗務員の仕事体験に備えて、ホテルに戻った。私は人生で賭けに勝ってこれほど嬉しかったことはない。嬉しさのあまり夜通しパーティーを続け、午前四時にホテルに戻ってきたときに、ホテルを出ようとしているリチャードに出くわした。シャワーを浴びて着替える間、待っててもらって、二人で一緒に空港に向かった。エアアジアのスタッフがリチャードの顔に付けまつげと頬紅、濃い口紅を施すと、私の一日はまたちょっと楽しくなった。

リチャードはエアアジアXの制服に着替えた。真っ赤なスカートとブレザーに白いブラウス。リチャードはさらに張り切って、制服にマッチする赤いハイヒールを取り出してみせた。私たちは短い記者会見を開き、リチャードは私の頬にキスマークを付け、私は彼が女性客室乗務員にやりそうな感じに、お姫様抱っこした。ひどい二日酔いだったけど、無理を押してでも彼の体重を支えるしかなかった。

飛行中の安全確認のデモンストレーションになると、リチャードはめちゃくちゃだった。あんなにしょっちゅう飛行機に乗っていながら、シートベルトのバックルの止め方がわからず、髪をひっつめているせいで救命胴衣が頭で引っかかり、酸素マスクを逆さまに付けた。本当に楽しかった。

公平を期して言うと、リチャードは役になりきり、通路を歩いて飲み物を給仕し、乗客とふざけ合い、アナウンスを行った。それからちょっと本来の自分に戻ることにして、ジュースのグラスをいっぱい載せたトレーを持って私に近づいてきた。リチャードは乗客を煽り、叫んだ。「やる？　やらない？」

私はやめてくれと懇願するふりをしたが、彼はトレーを私の膝にひっくり返した。服を着替えるぐらい、小さな代償だった。それに私は、表に「コーヒー、紅茶、それとも彼？」、裏には「リチャードがT＆COを給仕した」とプリントされたTシャツを用意してあった（T＆COはエアアジアの機内で提供しているコーヒーのブランドだ）。

クアラルンプールで開いた記者会見で、私はリチャードを即クビにした。「彼は企業家で、先見の明があり、ナイトの称号を持ち、冒険家でもあります。そしていまやサー・リチャードは、経歴書の長いリストにエアアジアの客室乗務員の肩書きも加えられることになりました」。そして最後に、良く振ったシャンパンをお互いに浴びせ合うという正統派のF1スタイルで、このおふざけを締めくくった。

世間の人々は、そのときのことを長く覚えている。二〇一七年に、ロサンゼルスのビバリー・ウィルシャー・ホテルでエレベーターを待っていたときのことだ。ひとりの男性が近づいてきて、尋ねた。「トニー・フェルナンデスかい？」

そうだと私は応えた。

「最近、何かの賭けでリチャード・ブランソンに勝ったんだっけ？」

リチャードも私も、ブランドを築き上げるのがかなり得意だ。あのたった一度のおふざけには、数十億本分もの宣伝効果があった。それはF1から派生した出来事だった。初めは資金の流出にしか見えなかったが、あのチャンスを掴んだことで、人脈と可能性が広がった。ほかのどんなことよりも、エアアジアのブランドにとって大きかったかもしれない。それに、相対的に見れば、何も失ってはいないのだ。

F1の冒険には、楽しいおまけが山ほどあった。それに、ネットワークの驚くべき力も証明している。人との偶然の出会いが、こんなに面白いことに繋がることがあるのだ。航空事業について言っているのと同じことだ。二万人の従業員の知力を使えるのに、なぜ一〇人の頭脳（役員会に出ている一〇人だ）を頼みにするのか？　あるいは、私が客室乗務員に言っているのと同じことだ。二億五〇〇〇万人の乗客に直接訊けるのに、なぜアンケートを頼みにするのか？　革新と発展を推進するには、ネットワークによる情報交換が欠かせない。私たちの成功は効果的なブランド戦略があってのことだが、ネットワークの力と、人と会って仲良くするという私の能力もあってのことだ。私はいつも、できるだけ多くの人たちと親密な関係を築こうと努めている――内向きになって、自分の仕事のことだけに集中するのは簡単だが、自分のいる業界以外の人との繋がりや友情は、きっと思いがけない窓を開いてくれるだろう。

最初のF1シーズンが終わると、私たちは再考を迫られた。ヴァージンに勝ったとはいっても、ポイントは一点も稼げなかったのだ。私たちが犯した最大の失敗は、ゼロからチームを作ろうとしたことであり、低価格のグランプリレースになるという約束がそのとおり実現しなかったこともあるかもしれない。マックス・モズレーの四〇〇〇万ドルという見積もりは小さすぎたし――チームを運営するには年間八〇〇〇万ドルはかかるだろう――それは、レーシングカーの製造費を含まない金額だった。資金は大きな問題だった。

さらに、ロータスというブランドに関する問題の大きな壁にぶつかった。ロータス・レーシングという名称の使用権について、訴訟を起こされたのだ。この争議はイギリス高等裁判所まで発展し、私は一度に一二時間も証人席で過ごすことになった。主な争点は、ロータスという名称を使用する権利は誰にあるかということだった。チャップマン家――ロータスの創設者であるコリン・チャップマンの寡婦と息子――に加えて、元々私たちにロータスの商標を認めたプロトンとデイビッド・ハントも関わる問題だった。

プロトンが私たちに認めたロータスの名称使用権について、デイビッド・ハントが異議を申し立てたのが問題の発端だ。デイビッドはチーム・ロータスの名称の所有者は自分だと主張したが、ロータス・スポーツカーを製造しているグループ・ロータスの所有者はプロトンだ。この争議はもつれにもつれて、解決するまでには二年もかかった。私たちは新しいチーム名を見つけるしかないとわかっていた。

そうこうするうちに、誰かがドアをノックして——本当に私がパジャマを着ているときにノックした——新しいチャンスが開けた。ドアを開けると二人の男がいて、ケータハム・カーズを買わないかと訊かれた。いまでも高性能の車を製造しているイギリスの象徴的なスポーツカーブランドだ。二〇一一年の初めに、ディンと私はこの会社を買収した。ビジネスを信頼しているのと同時に、これでロータス・ブランドの争議から抜け出せると気づいたのだ。皮肉なことに、ケータハムもたまたまロータスと強い繋がりがあった——一九七〇年代に、ロータスの創設者であるコリン・チャップマンは、ロータスの最も有名な車、「ザ・セブン」（実際のところ、この車はいまでも世界中で評価されていて、発注を受けてから引き渡しまで一年以上を要している）の製造権をケータハムに売却していたのだ。

二〇一一年一一月、私たちはチーム名をケータハムF1に変更し、プロトンはロータスF1の名称を使うことで合意した。私たちは非常に愛されてきたロータスというブランドをF1に復活させたことを誇りに思っていたし、今度はケータハムとして続けていけるのだ。とはいえ、法的な問題はまだ終わっていなかった——私たちがチームカラーにグリーンを使おうとすると、ロータスは私たちが彼らのチームに成り済まそうとしていると主張した。けれど、私たちは二〇一一年シーズンを屈せずやり通し、さらに堅実にサーキットに向き合った。ポイントはやっぱり獲得できずにいたものの、最終的に一〇位に入り、おかげで少なくともF1から賞金が支払われた。私たちはトップレベルのチームと競い合えることを証明したのだ。

思うようには前進できなかった。三度目のシーズンの終わりを迎えたとき、私たちはまったく同じ順位にいて、車自体の開発で後れを取っているのではないかという気がした。次のシーズンは一一位で終え、賞金は出なかった。私にとって、これが撤退の決め手になった。

結局、F1のベンチャーをこれ以上続けても疲弊するだけだった。私たちは二〇一四年にケータハムF1を売却した（ケータハム・カーズは売っていない）。オーナーが新しくなっても問題は続き、たった四カ月後にチームは解散した。本当に残念だ。

これだけのことがあったけど、いまでも私はいつの日かまたスターティング・グリッドに立つだろうと思っている。このことを人に話すと、どうかしていると思われて、笑われる。そんなとき私は、航空会社を設立すると最初に言ったときの人々の反応を思い出す――おかげで、ますますやる気が湧いてくるのだ。スポーツとして見ると、バーニー・エクレストンが売却して退陣したいま、F1は根本的な変化を遂げつつある。変化が起きるのが遅すぎたぐらいだと私は思っている。もう何年も前から、カーレースは本来の魅力を失っていたから。

サッカーの場合――どういうわけか――どのチームが勝つかわからない。まともなファンなら、二〇一五－一六年のシーズンにレスター・シティがプレミアリーグで優勝することに賭けようとはしなかっただろう。けれど、Ｆ１の場合、ケータハムは絶対にレースで優勝できなかっただろう。Ｆ１は順位の変わらない退屈なレースになってしまった。資金が豊富にあるチームだけが表彰台に上ることを保証されているようなものだ。それに、テクニカルになりすぎてもいる。エンジニアが何より重要な要素となっているが、私はドライバーのスキルを競うべきだと思っているのだ。過去の偉大なスポーツ選手を見ても、ビョルン・ボルグがあれだけのタイトルを獲得したのは、イリ・ナスターゼよりも良いラケットを使っていたからじゃないし、彼のチームがジミー・コナーズのチームより大きかったからでもない。選手として、ボルグのほうが優れていたからだ。クリケットにも同じことが言える。ヴィヴ・リチャーズとスニール・ガヴァスカールがすばらしいバッツマン〔クリケットの打者〕だったのは、使っていたバットのおかげじゃなく、彼らのタイミングの取り方、見極め、ストロークが誰にも負けなかったからだ。

私は人生を通して、物事をシンプルにしようと努めているが、Ｆ１もそうするべきだと思う。レーシングカーは精巧すぎるし、ルールもばかばかしいほど複雑で、カーレースのファンが見に行っているドライバー同士の戦いというものが陰に隠れてしまっている。それほど昔のことじゃないが、エディ・ジョーダンがチームを結成してグランプリで優勝した。いまじゃそんなことは絶対に起きないだろう。だから、実際のレースそのものにもっと重きを置いて、車はより規格化されるべきだ。

複雑さと金銭面の関わりも、このスポーツの魅力を制限している。私の感覚では、Ｆ１を観戦する若者の数は減ってきていて、これは将来の人気にとって良い前兆とは言えない。それに、本来そうあるべき世界的なスポーツでもなくなっているような気がする。二〇一七年現在、スターティング・グリッドに就く二四人のドライバーのうち、非ヨーロッパ人は四人だけで、極東や東南アジアの出身者はひとりもいない。中国人やマレーシア人のチャンピオンが誕生する見込みはない。ドライバーになりたいと思ったときに、金銭的な問題が関わるのが、一因になっているはずだ。Ｆ１ドライバーになるまでに何百万ドルもかかるのなら、ベトナムやインドの貧しい子どもはどうすれば夢をかなえられるというのだろう？

それでも、Ｆ１の経験からは非常に多くを得た。エアアジアのブランドを世界中にアピールできただけでも価値があったと思うけれど、それだけじゃなく、私個人にも、会社にも、新しい窓を開いてくれた。Ｆ１がなければ、ＱＰＲに関わることはなかっただろうし、おかげで途中ふたつの面白い会社を獲得することもできた。

ケータハム・カーズは七〇年代から会社としてはほとんど変わっていなかったので、新しい技術を利用して発展させられる可能性がじゅうぶんにある――ちょっとエアアジアの誕生時のような気分だ。私は何年も前からスマート車を所有していて、これこそが未来だと常々感じているので、ケータハムで電気自動車を開発して、広く紹介していきたいと思っている。３Ｄプリンタによる車の製造も始められるかもしれない。こうした技術を開発することによって、私の信念にかなう、もっと環境に配慮した、資源を守るやり方で、車を製造できるようになるだろう。何年後かに、ケータハムで何かとても特別なものを製造することになったとしても、私は驚かない。

私たちが設立したミラスというもうひとつの会社は、航空機向け軽量座席のメーカーだ。Ｆ１の座席の開発で学んだ原理を利用して、現在市場に出回っているどんな航空機向け座席よりも、環境に配慮した軽量な座席を製造している。ひとつの座席の重さをわずかにでも減らすことができれば、すべてのフライトの燃費が格段に良くなる。ここにも大きな可能性がありそうだ。

Ｆ１はすばらしい経験だった。私は少しも後悔していない。最高の訓練とテクノロジーについてたくさんのことを学び、その多くをエアアジアにフィードバックさせている。それに、エアアジアは世界に露出した――サーキットと提携して、いくつかの世界的に有名なブランドも並んでスポンサーに就いた。ブランド構築をステップアップさせなければ、飛行機を二機から二〇〇機に増やすことはできない。マンＵとＦ１チームのスポンサーに就くことは、そのために不可欠だった。

個人的にも、Ｆ１のおかげで大きな自信がついた。突如として私は、ＬＣＣをいじくり回している背の低いアジア人のビジネスマンではなくなり、ロータス・レーシングチームの代表としてグローバル・ステージに上がり、世界中で開催される大きなスポーツイベントに毎週のように顔を出した。こうなると人からの見られ方や扱いが違ってくる。私たちのリース料が安いのはＦ１のおかげだと、ペトロナスに言われたことがある。Ｆ１は私たちを有名にし、価値を与えてくれたのだ。

Ｆ１の世界ではさまざまな一流人と出会った。バーニー・エクレストンは驚くべき男だ。良い報道も悪い報道もあるが、私にとってはすばらしい人物だ。チャンスを見つけたら必ず掴み取れというのが、彼からのアドバイスだ。ロン・デニスもエネルギッシュな男だ。私は彼から非常に多くのことを学んだ――仕事に対する彼の決断力、エネルギー、正確さには、こちらも奮起させられる。

そして、華麗なイタリア人ビジネスマン、フラビオ・ブリアトーレもいる。フラビオはのちにルノーとなるベネトンチームの仕事に携わっていた。彼の経歴はグランプリレースのチェッカーフラッグみたいに波乱に富む《チェッカード》が、Ｆ１がなければ私が彼と出会うことはなかった。当時、フラビオとバーニー・エクレストンは、ロンドン西部のフットボールクラブ、クイーンズ・パーク・レンジャーズの株式の過半数を所有していた。二〇一〇年の後半になって、ある日フラビオから電話があった。

「やあ、トニー、フラビオだ。いま、バーニーと一緒にいるんだが。ＱＰＲ株の三〇パーセントを買う気はあるかい？」

第10章

ウィー・アー・QPR

BGM：「パパのニュー・ピッグバッグ」　ピッグバッグ

ウェンブリー・スタジアムのピッチで、プレーオフ決勝の劇的な勝利を祝って、世界的に有名なミッドフィルダーが私を肩に担いだ。私たちの周りでは、四万人を超えるファンが私たちの名前の入ったチャントを歌っている。

いや、夢じゃない。下からジョーイ・バートンのうめき声が聞こえてきた。

「まいったな、トニー。ちょっと体重を減らしてくれないか？」

彼は私をふり返り、にやりと笑いかけると、スローガンを繰り返した。

「ウィー・アー・QPR

セッド・ウィー・アー・QPR

ウィー・アー・QPR……」

二〇一四年五月一五日、晴れわたった日の午後だった。ジョーイ・バートンの背中がちょっと心配だったことを除けば、私の人生で最高に幸せな瞬間だっただろう（子どもたちの誕生は別だ）。チャンピオンシップのシーズンを終えて、私たちはプレミアリーグ復帰を決めたばかりだった。ウェンブリー・スタジアムで決勝に勝つことは、すべてのサッカーファンの夢だ。クラブのオーナーとしては、現実とは思えなかった。

サッカーは私に忘れられないいくつもの思い出を与えてくれた。七〇年代に父さんとテレビでブラジル代表を観ていたこと。テレビで初めてウェストハムの試合を観たこと。母さんと行ったセルフリッジでウェストハムのユニフォームを買ってもらったこと。初めて試合観戦に行ったこと。四〇代になり、チャンピオンシップやリーグ残留決定戦のため、チームバスでエティハド・スタジアムへ向かったこと。そして、ウェンブリー・スタジアムでのあの午後。いまも興奮は冷めやらない。

エアアジアを設立して、次々と投げかけられる問題に対処しながらも、私は何とか時間を見つけてウェストハムの試合を何度か観に行き、何人かのクラブ関係者の元選手たちと親しくなった。

二〇〇六年後半、ウェストハムのレジェンド、トニー・コッティたち数名が私に近づいてきて、ウェストハムを買収する気はないかと尋ねた。結局、クラブはアイスランド人の二人組、ビョルゴルフル・グズムンドソンとエガート・マグヌソンに売却されたが、その話を持ちかけられたことが心に種を植えつけていた。私は引き続きアップトン・パーク〔ロンドンにあるブーリン・グラウンドの通称。二〇一六年までウェストハムのホームスタジアム〕に通い、大物選手たちと親交を続けた。

二〇〇七年から二〇〇八年にかけて、アイスランドの金融危機が発生すると、ウェストハムのオーナーたちは破産して、クラブを買収するチャンスが再び訪れた。私たちは管財人と話しはじめ、あとちょっとで契約を結べるところまでいった。話が進んでいる中で、ディンがクアラルンプールに呼び戻されたが、私はそのまま残った。数日とたたずに、私はディンに電話して、契約書のサインのためロンドンに戻ってくるようにと伝えた。ディンがこっちに着いた途端、管財人から電話があり、クラブはデイビッド・サリバンとデイビッド・ゴールドに売却したと言われた。彼らもレースに参加していることは知っていたが、私たちは鼻の差で先にゴールしたと思い込んでいた。私たちはがっかりして、一緒にクアラルンプールに戻った。しかし実のところ、私たちはF1に参入したばかりで、財政がかなり圧迫されていたのだ。

サッカーに関わったことについて、フラビオ・ブリアトーレがこう言ったのは有名な話だ。「私は二度とサッカークラブに投資するつもりはない――とんでもない資産家で、浪費する方法を探しているのであれば、良い考えだ。二年とたたずに無一文になって、問題は解決するだろう」

それでもやっぱり、私は大好きなことに関するオファーを受けると、なかなか「ノー」とは言えないのだ。ウェストハムをギリギリで逃した二年後に、私はフラビオから連絡を受けた。彼とバーニー・エクレストンは、フラビオの持ち分を買い取る候補者として私を選んでいた。私にはエネルギーがあり余っていて、クラブを再建する助けになりそうだと思われたらしい。フラビオはＱＰＲで四年ほどを過ごし、かなりつらい思いをしていた。多くのことにサポーターは良い反応を示さなかった。エンブレムのデザインを変更したことや、オーナーが金持ちなのにシーズンチケットを値上げしたこと。マスコットを黒猫の「ジュード」からトラに替えたのが駄目押しになった（ジュードはかなり前からいたマスコットだったのだが、イタリアでは黒猫は縁起が悪いのだそうだ）。さらに、フラビオはＦ１でスキャンダルが続いた後、ピッチを離れたところでも問題を抱え、イングランド・サッカー協会（ＦＡ）は彼がサッカークラブのオーナーとして〝ふさわしい立派な人物〟であるかを問題にしていた。面倒なことになってはいたが、私は興味があった。いつの間にかバーニー・エクレストンは、成り行きに任せるから自分の持ち分も買い取ってくれても構わないと言いだした。またもや私は何かを持ちかけられ、またもや思った。「いまやらなくて、いつやるんだ？」と。その結論に迷いはなかった。

クラブを買収するにあたって（ＱＰＲとの歴史やサッカーへの愛から、手に入れたくてうずうずしていた）、私はフラビオとシーズン開幕前の最初の親善試合を観に行き、経験豊富な監督のニール・ワーノックと、私が何者なのか知らない数人の選手たちと顔を合わせた。夏いっぱい交渉は続き、やがてシーズンが開幕した。チャンピオンシップで一五年間を経て、プレミアシップに復帰した最初の試合だ。

私たちはボルトン・ワンダラーズ——私のQPRライフで、このチームはいつも重要な役割を果たしているようだ——のホームで対戦し、四対〇で負けた。シーズンの始まりとしては残念な結果になり、夏の間感じていた楽観的な考えに冷や水を浴びせられた。私はフラビオと役員たちと役員席に座って観戦していた。試合終了の一五分ほど前には、勝利の見込みがなくなったため、役員のほとんどが帰ってしまい、残っているのは私だけになっていた。その夜のサッカー情報番組「マッチ・オブ・ザ・デイ」では、試合開始時に役員席で私たちみんながニコニコ笑っている姿が流れ、残酷にも、その後私がひとりでぽつんと座り、顎に手を当ててふさぎ込んだ顔でピッチを見つめている姿も映し出された。「ようこそプレミアシップへ、ってことか」と、私は思った。

そんな結果ではあったが、私たちは契約書にサインをした。サッカークラブのオーナーになるなんて、F1のときと同じぐらい現実感がなかった——タック・ボックスに貼られたステッカーの夢がまたひとつ実現したのだ。私とディンはバーニーとフラビオの株を買い取ったが、アミット・バティアとルーベン・グナナリンガムはそのまま残った。このスポーツライフへの搭乗は、QPRのシャツを手に会議室から歩きだしたときから始まった。

その日、二〇一一年八月一八日から、二〇一六年一一月にイアン・ホロウェイを監督として迎えるまで、一瞬たりとも息をつく間もなかった。ある程度しっかり管理できていると感じられるようになったのは、つい最近になってからだ。サッカークラブの経営について何も知らないところから始まって、二〇一一年以来、いまがいちばん安定した状態にある気がしている（それにたぶん、フラビオとバーニーには申し訳ないが、さらに前から比べても）。長い月日、数々の苦労、痛み、支出を要したが、私が引き継いだ後、こうありたいと思っていた状態でいまはシーズンに入れている。チームには自発的な成長を促す雰囲気が生まれてきた。選手たちはクラブのために熱心にプレーし、毎週毎週、サポーターとエンブレムに敬意を払っている。適材適所も達成できている。自分たちがどこを目指しているのか、どうすればそこにたどり着けるのか、しっかり把握している。サッカーの常で、完璧ではないし、その軌跡はなめらかではないが、成功に結びつく要素はちゃんと揃っているのだ。

二〇一一年八月には、物事はそんなに明確じゃなかった。どの試合も不安と緊張でいっぱいで、ときには歓喜で終わることもあったけど、絶望で終わることのほうが多かった。サッカーは何よりも情熱的なスポーツで、熱狂的なサポーターの感情は激しく揺れ動く――毎試合、一分ごとに。チェアマンの場合、こうした感情に加えて、クラブの方向性、財源、セキュリティについて、責任を負っていることへのストレスも感じている。押しつぶされそうなほどその荷は重い。

前のシーズンにニール・ワーノックはすばらしい手腕を発揮して、クラブはチャンピオンシップから昇格を果たしていた。私たちはイングランド・サッカーの最高峰でスタートを切ったとき、ニールがその勢いのまま突き進んでくれるだろうと期待していた。新任のチェアマンが世界一手強いリーグで最初のシーズンを迎えるのは、厳しい試練だった。

次の試合ではエヴァートンと対戦し、一対〇で勝った。前の週の敗戦があったから、そうこなくっちゃという感じだった。ラジオで試合の中継を聞いていると、パディ・フィーニーとあの短波ラジオの記憶が甦った。ただし今回は、サポーターが私の名前を歌っているのが聞こえていて、誇らしい瞬間だった。

その後、私たちはアウェーのウィガンに負けた。まだ八月だった——あと三五試合残っている。私たちはチームを強くすることに集中し、大きな契約をいくつか結んだ。ニューカッスルから自由移籍となったジョーイ・バートン。マンチェスター・シティから四〇〇万ポンドでショーン・ライト＝フィリップス。アストン・ヴィラからルーク・ヤング。サンダーランドからアントン・ファーディナンド。そしてアーセナルからアルマン・トラオレ。クラブにとってかなり良い補強ができたはずだが、秋の間もずっと順調には前進できなかった——そもそもあれを前進と呼べるのであれば。ホームでニューカッスルと引き分けて、アウェーでウルヴァーハンプトン・ワンダラーズに勝ち、クレイヴン・コテージ〔フラムのホームスタジアム〕でフラムに六対〇と完敗した。

二〇一二年の初めには、ひどくまずいことになっているのは、誰の目にも明らかだった。二〇試合を終えて、ＱＰＲは勝ち点一七しか取っていなかった。一月二日にホームでノリッジ・シティに負けた後、一月七日にＦＡカップ三回戦でミルトン・キーンズ・ドンズと対決し、結果はドローだった。これでは不十分だと誰もがわかっていた。

サポーターからプレッシャーをかけられ、役員会は私がチェアマンとして初めて下す大きな決断と向き合うことになった。ニール・ワーノックを解任すべきか？　私は悩みに悩んだ。ニールは特別な男だ。選手の力を最大限に引き出す方法を知っているし、チャンピオンシップのことは何から何まで知り尽くしている。私は彼が好きだし、尊敬していた。でも、そばで見ている感じだと、彼の求心力は失われてしまったようで、クラブのためには新しい監督を招聘するのが正しいだろうと私は思った。

当時、CEOを務めていたのは、私が雇い入れたフィリップ・ビアードという男だった。私はエアアジアのスポンサー契約を通じて、マンチェスター・ユナイテッドの広告部長のアンディ・アンソンと知り合いになっていて、QPRを買収したばかりのとき、CEOに就任しないかと彼に訊いてみた。アンディはタイミングが悪いとの理由で辞退したが、ロンドン東部にあるO2《オーツー》アリーナを運営しているフィルを推薦してくれた。フィルはサッカークラブを運営した経験はなかったものの、広告、法務、動産に関する経歴は非の打ち所がなかった。エアアジアでは外部から人を入れるのはプラスになったので、私はアンディの推薦に従うことにした。

だから、私はフィルにニールを解任するよう伝えた。私たちがニールを解任するかまだ話し合っている間にも、エージェントからは彼に代わる監督のさまざまなオファーの連絡が来ていた。ニールを解任して一二時間足らずで、キア・ジョオラビシアンから電話があった。キアはサッカー界の有名人で、何といってもカルロス・テベスとハビエル・マスケラーノの〝保有権〟を巡る論争の中心人物だ。彼はマンUとチェルシーの元ストライカーであるマーク・ヒューズのことで連絡してきたのだ。マークはブラックバーンの監督に見事な転身を遂げ、その後、大きなプレッシャーの下、マンチェスター・シティの監督に就任した。シャイフ・マンスールにシティを解任されると、QPRのすぐ近くのフラムに移ったが、クラブに覇気が感じられないという理由で一〇カ月ほどで辞任してしまった。

私はロンドンの自宅でマークと会った。書類上、マークの実績は立派なものだった。ブラックバーンとフラムでの成績はすばらしかった。マンチェスター・シティでの仕事について詳しく訊くと、時間さえもらえればもっと結果を出せたはずなのに、新しいオーナーは勝利を焦っていたのだ、と断固として主張した。QPRをどう監督するかと尋ねると、プレシーズンマッチでの準備や、対戦相手を研究することについて、多くを語った。マークは頭の中が非常に整理されていて、秩序だった分析的な思考の持ち主だという印象を受けた。加えて、バルセロナ、マンU、チェルシーというハイレベルなチームでプレーしてきたので、選手としても監督としても試合というものを知り尽くしていた。

クラブが解任を発表すると、ニールはいかにも彼らしいプロフェッショナルで丁寧なやり方で声明を出し、私は感動した。

ご承知のとおり、私はたいへんがっかりしていますが、あれほどのことを成し遂げられたので、大きな誇りを持ってクラブを去ります。ほかのどこよりも、ここで過ごした時間は楽しく、

QPRのサポーターは最高でした――彼らは勝利に値します。私が何より残念なのは、この買収がもっと早くに行われなかったことです。もっと早ければ、昨年の夏いっぱいかけて目標を定めて、プレミアリーグで成功を収められる可能性も高くなっていたでしょう。QPRの役員には大望があり、私も将来的な成功を願っています。長い間サッカーの試合に関わってきましたが、ひとまずしばらく家族や友人と過ごしてから、身の振り方を考えるつもりです。

二〇一二年一月一〇日、クラブはマーク・ヒューズを監督として迎え入れることを、正式に発表した。私はスピーディーに事を進めることができたのを喜び、良い選択をしたと思っていた。ところが、蓋を開けてみれば、私はツイッターで怒りくるったサポーターにボロクソに叩かれていた。マンチェスター・シティに解任されるような監督を雇ったこと、四六時中「くそ」を連発していること、あぶく銭のために最高の選手を売ろうとしていることについて。綴りがひどいことまで罵倒された。航空会社の経営では、こんな目には遭わない！　私は誠意を尽くして返答し、批判を抑えて前向きに受け止めてほしいとサポーターに促した。

マークを迎え入れ、私たちは一月の移籍市場にかなりの大金を投じて、マンチェスター・シティからネダム・オヌオハ（四二〇万ポンド）、ラツィオからジブリル・シセ（四四〇万ポンド）、フラムからボビー・ザモラ（五〇〇万ポンド）を獲得した。QPRにとっては、思い切った投資だった。

それなのに、依然としてパッとしない成績が続いた。イースター〔復活祭〕が近づき、いよいよ降格が迫ってきているようだった。二〇一二年三月、私は日本にいた。QPRはロフタス・ロードでリバプールと試合をしていた。私にはクラブの試合の時間に起こしてくれる体内時計がある。日本時間で午前二時頃に試合が始まった。シーズンのその時点で、QPRはウィガン・アスレティックと勝ち点で並んでいたが、ボルトン・ワンダラーズよりは一点少なく、そのボルトンも同時に試合中だった。ウルヴァーハンプトン・ワンダラーズが最下位にいたが、勝ち点の差はたった三点だった。気の抜けない状況で、まずいことになりそうだった。QPRは一点リードされていて、残り時間二〇分でディルク・カイトがリバプールの二点目を決めた。ルーベンからメールが届いた。「もう駄目だ、降格だ。立て直してまた戻ってくるしかない」

私は返信した。「いや、諦めるな。ここから巻き返せばいいんだ」

すると、ショーン・デリーが一点を返し、続いてシセが残り時間四分で同点のゴールを決め、さらにアディショナルタイムにジェイミー・マッキーが決勝点を挙げた。驚異の逆転劇だ。信じられなかった。私が観てきたQPRの試合の中で、最高の試合だった。

私は本当に巻き返せると思っていたが、その後サンダーランドに大敗し、また雲行きが怪しくなってきた。と、アデル・ターラブトが調子を上げてきた——昨年のチャンピオンシップではすばらしいシーズンを送っていたのに、プレミアシップでは状態にむらがあって、ここに来ていきなりゲームを支配し始めた。チームはちょっと勢いに乗り、アーセナル、スウォンジー・シティ、トッテナム・ホットスパーに勝利した――勝てるはずがない試合に。ひどい結果になった試合もあって――にっくきライバルのチェルシーに六対一で負けたのは、特につらかった――ひやひやする展開が続いていた。

シーズン最後のホームゲームがやって来た。予断を許さない状況だった。ウルブスはもう降格が決まっていたが、ブラックバーン、ボルトン、QPRは、降格の二つの残席に落ち込むまいと競っていた。ブラックバーンはQPRとボルトンより勝ち点が三点少なかった。QPRとボルトンは勝ち点三四で並んでいる。幸いなことにQPRはボルトンに得失点差で勝っていたが、これから非常に厳しい試合がふたつある。ひとつは、このホームでのストーク・シティとの試合で、もうひとつはアウェーでのマンチェスター・シティとの対戦だ。マンチェスター・シティはリーグ上位で優勝争いをしていた。同じ頃、ボルトンはホームでウェスト・ブロムウィッチ・アルビオンと対戦し――勝てそうな試合だ――次にアウェーでストーク・シティと戦うことになっていて、これまたボルトンが勝ち点三を手にできそうな試合だった。ブラックバーンは月曜の夜にウィガンと試合予定で、その後シーズン最終戦でチェルシーとアウェーで対戦することになっていた。私はブラックバーンのほうはあまり気にしていなかった。QPRとボルトンの競り合いだけが心配だった。

その日曜ほどストレスの多かった日はめったにない。ピッチの試合展開に集中しようとしても、ボルトン対ウェスト・ブロムウィッチの経過が気になって仕方がなかった。ロフタス・ロードに広がる緊張感が肌で感じられるほどで、目の前で試合が繰り広げられている中で、QPRのサポーターはやきもきしながらしょっちゅうスマホを確認していた。試合開始から二四分、グラウンドの周りに大きなため息が広がった。ボルトンがペナルティーキックで一点取ったのだ。ハーフタイムの時点でこっちは〇対〇で、ボルトンは勝っているので、このままで終わるとボルトンは勝ち点でQPRを二点上回ることになる。さらに悪いニュースが続いた。ウェスト・ブロムウィッチのオウンゴールで、ボルトンが二点目を取ったのだ。そのゴールに対する私の反応は、オーナーの反応ではなく、ファンのそれと同じだった——涙をこらえ、精いっぱいチームを応援することに集中しようとした。結局のところ、一点さえ取れれば、ボルトンと並ぶのだから。

すると、潮目が変わった。オウンゴールの三分後、クリス・ブラントのゴールでウェスト・ブロムウィッチが一点を取り返した。これで二対一だ。残り時間は五分になり、QPRは〇対〇のまま。私もさすがに弱気になってきていた。ところが、試合開始から八九分で、アントン・ファーディナンドがヘディングパスをして、それをシセがゴールに押し込んだ。みんなは大騒ぎだ。これで少なくともQPRはボルトンの勝利に並んだ。そのとき、ウェスト・ブロムウィッチがボルトンに追いついたことがわかり、ますますお祭り騒ぎになった。

その夜のシェファーズ・ブッシュは、すごいことになっていた。ディレクターもスタッフも街に繰り出し、最後はシェファーズ・ブッシュ・グリーンにあるディファクターズ・ウェルドというパブに落ち着いた。昔私が住んでいたアクスブリッジ・ロードのフラットから歩いて一〇分ほどの店だ。翌朝、目を覚ますと、急に現実に引き戻された。ボルトンより勝ち点で二点上回っているとはいっても、まだ降格の危機を完全に脱したわけじゃない。それどころか、まだこれからエティハド・スタジアムでマンチェスター・シティとの対戦が残っていて、ボルトンがストークに負けることを祈らなければならないんだから、少しも安心できない。サッカーに特有のひねりのある展開で、マンチェスター・シティはタイトルを手にするために、QPRに勝たなければならない。すべてがこのふたつの結果にかかっている。

私たちはこういう日のために生きているのだ。興奮、緊張、激しい感情は、生きていることを実感させてくれる。私はあの日のスケールと、最後にどう感じたかを、決して忘れないだろう。サッカーには、中間の感情というものがない。狂喜と絶望のどちらかだけしかないのだ。

一週間後の二〇一二年五月一三日、ディンと私はクアラルンプールから夜行便でマンチェスターへ飛んだ。私は夜通し起きていた。ホテルに向かった後、選手たちに会いに行くと、試合前のミーティング中だった。QPRが勝利すれば――その可能性はかなり低いが――降格せずにとどまれる。一方、ボルトンが負けたら、私たちは負けてもOKだ。その日はある意味、心臓の強さを試される展開になったといっていい。試合開始から一二分で、ストーク・シティが一点を先制し、私たちは大喜びした。ところが、試合開始三九分で、私たちは二重の苦しみに苛まれた。マンチェスター・シティがゴールを決め、向こうではボルトンが同点に追いついたのだ。ハーフタイム中に、ボルトンが二点目を追加し、試合がこのまま終われば、私たちは降格になるのだと承知しながら、ロッカールームに向かった。アミット、ルベン、ディン、そして私も、みんなすっかり意気消沈していた。マンチェスター・シティの役員たちは、「大丈夫、次のシーズンにはまた戻ってこられるよ」と、慰めの言葉をかけてきた。

後半三分、信じられないことが起きた。シセが同点弾を決めたのだ。ここから本当のドラマが始まった。五五分が経過したところで、ジョーイ・バートンがカルロス・テベスに対するファウルで退場。ところが残り二五分というところで、ジェイミー・マッキーがジャンプしてヘディングシュートを決め、QPRが一点リードすることになった。私たちは顔を見合わせて、大騒ぎした。これ以上は喜べないだろうというところに、ストークのジョナサン・ウォルターズが同点ゴールを決めて、ボルトンに追いつき、私たちはまたまた大はしゃぎした。このままいけば、QPRはプレミアリーグに残留し、マンチェスター・シティでなく、マンチェスター・ユナイテッドにタイトルをわたすことになる。エティハド・スタジアムは騒然としていた。マンチェスター・シティのサポーターは、シーズン最終節でQPRのせいでタイトルを奪われることになるなど信じられず、こっちは残留の希望に狂乱していた。

役員席の残りの人々は黙って静観していたが、私たちは気にしなかった。残り時間五分、QPRは二対一でリードを保っていた。残り二分になったときに、シティのエディン・ジェコがゴールを決め、その後さらにセルヒオ・アグエロが逆転弾を放った。

けれど、ストーク・シティが同点のまま踏みとどまり、ボルトンの降格が決まっていたので、こっちの試合結果は関係なかった。マンチェスター・シティのサポーターは有頂天になり、私たちも我を忘れていた。グラウンドにいる誰もが狂喜乱舞しているという、滅多にない状況だった。マンチェスター・シティは四四年間で初めての優勝を決め、これでようやくユナイテッドのファンの目をまともに見ることができそうだった。私たちはこの上なく厳しい試練を乗り越え、私はこれまで観てきた中で最大級にとんでもない試合の一部になった。私たちは呆然としながら、チームと共にロンドンに戻る飛行機に乗り込んだ。祝福の嵐だったが、ジョーイ・バートンは退場になったせいで、チームメートから少しのけ者にされていた。

この驚くべき脱出劇の勢いを利用して、この経験を糧にして進んでいけるという雰囲気が、チーム内に漂っていた。

この一年目のシーズンをふり返ってみると、私が犯した間違いは、感情的になりすぎたことと、人を信用しすぎたことだった。新しいビジネスに参入して、それがプレミアリーグ・フットボールのように世間の注目を浴びているものだとしたら、誰もが自分のしていることをわかっているはずだと思い込んでしまうが、必ずしもそうとは言えない。その仕事を長く続けているからといって、自分のしていることを理解しているとは限らないのだ。ワーナーでRAPレーベルと才能あふれる所属アーティストを買収したときと似ている——才能がパフォーマンスに繋がるとは限らず、才能は管理する必要がある。音楽ではサッカーほどははっきり表れない。サッカーのプレーは特徴がすべてだ。自分の特徴を正しく掴めていれば、最大限の能力を発揮することができる。それがちぐはぐだと、能力を活かしきることはできない。RAPで痛い目に遭ったはずなのに、私は直感に逆らって、じゅうぶん問いかけることもしないまま放任してしまった。そうなると、距離という問題があった。私は相変わらずクアラルンプールを拠点にしていて、そこでエアアジアを経営し、F1チームに帯同してあちこち飛び回っていたので、あまりQPRのそばにいることができずにいた。毎日そばにいられないせいで、自分の目で状況を見ることもできなかった。

リーダーにとって、目に見える形でその場にいることがいかに重要か、私は痛感した。スタッフを集中させ、オープンな雰囲気を育てるだけじゃなく、雰囲気を感じ取り、日々の意思の疎通を確認し、何かを物語る会話の断片を耳にするためにも、現場にいることは大切だ。

そんなわけで、トレーニング中に起きていることや、トレーニングでも、クラブやピッチでも、これこれの選手が本気で努力しているのかということを、私は見逃していた。それがわかっていたら、しばしばピッチでの努力に見合わない大金を受け取っている選手がいることに、もっと早く気づいていただろう。まったく、世間知らずだった。あれだけの大金をもらっていたら、がむしゃらに働くものだと思い込んでいたのだ。けれど、選手の中にはそれができない者もいた。

二〇一二年の夏の間に、私たちは良い補強ができたと思った。チェルシーから来たジョゼ・ボシングワなどのように、大勢の選手が自由移籍で入ってきたが、彼らはキャリアの終わりに近づいていたため、目の玉が飛び出しそうな年俸を要求した。アジアでは神様みたいな存在の選手、パク・チソンと契約できたことは、私にとって特に大きかった。しかし残念なことに、彼の能力はかつての半分に落ちていた。それにデータ分析を見ると、フル出場した試合があまりないことがわかった――どちらかといえば、スーパーサブとして扱われていたのだ。それから、シセとは生涯契約を結んでいたが、二年目のシーズンはあまり活躍できなかった。センターバックが二人欲しいといつも思っていたのだが、私たちはいいカモだと思われていて、法外な金額を要求された。私はそれにストップをかけた。

マークはジョーイ・バートンをマルセイユにレンタル移籍させた。私は何とか止めようとしたけど、無理だった。私のサッカー人生で、ジョーイは大きな存在だ。私と同じく率直な性格で、人を怒らせるのが得意だった（やっぱり私みたいだ）が、彼は見たままのことを言っていて、それはサッカーをする上で価値のある資質だった。

QPRにいるとき、ジョーイは私に、チームが間違った方向を向いていて、ふさわしくない選手と契約していると、何度も言ってきた。ベテラン選手と契約するのはクラブのためにならないと彼は言いたかったのだが、監督たちを納得させることはできなかった。ジョーイはニール・ワーノックの解任にある意味関わっていたのだが、マーク・ヒューズとは何かにつけて意見が対立していた。マークがジョーイをレンタル移籍させ、ピッチ内外でリーダーシップとファイティングスピリッツを示す、精神的支柱となる選手を失ったことを、私たちは心から惜しんだ。ジョーイはキレやすいだけで、賢い男だった。誰かが一〇〇パーセントの力を出しきってプレーしていなかったり、こうあるべきだと思うプレーをしていなかったりするときは、その相手を攻撃していたので、キャンプで諍いを起こしていた。子どもが生まれてからは、少し穏やかになり、彼がチームに残ってくれていたら、色々なことがもっとうまくいったんじゃないかと思う。私はジョーイを残すようにとマークを必死に説得したが、彼は頑として聞き入れなかった。ジョーイがいないほうがクラブのためになる、と言って。私は二〇一六－一七年のシーズンの初めに、ジョーイを連れ戻そうとさえしたが、金額が折り合わず、彼はバーンリーに行ってしまった。

これはサッカーの悪しき面のひとつだ。誰かに嫌われると、切られてしまう。ほかの選択肢を見つけてうまく対処できないものかと、ずっと考えてきたけれど、サッカーには、逆効果にもなりかねない無情さがあった。

QPRは二〇一二－一三年のシーズンが始まって二カ月間は一試合も勝てないだろう、とジョーイは予想していた。彼は間違っていた。実際は四カ月勝てなかった。後になってみれば、この年は私たちにとって最悪のシーズンになり、チームは大きく後退することになった。私たちはチームの支柱を失い、選手を獲得しすぎていた。

第一節でスウォンジー・シティに五対〇と悪夢の敗戦をしたものの、初めのうちはうまくいっていた。私は感情的になりすぎて、インテル・ミラノのGKジュリオ・セザルと契約したが、これが大失敗だった。ロバート・グリーンを使い続けるべきだったのだ。その後数カ月間は、状態は悪くなかったはずだが、九試合で勝ち点三しか拾えていなかった。こんなふうに出だしでつまずくと、もう取り戻せない。選手たちの中には、前年度のシーズンは調子が良かったのに、パフォーマンスが低下している者がいて――例えば、アデル・ターラブトとは長期の大型契約を結んでいた――精神的な面でチームの状態が良くなかったのだろう。ロッカールームで選手たちは分裂して派閥争いをしていて、チームはモチベーションを欠いていた。大金を支払っても、必ずしも選手が一〇〇パーセントの力を出しきってプレーで返すとは限らないことを、私はそのときになって初めて思い知らされた。

私たちはマーク・ヒューズを解任したが、この体たらくでは、誰も驚きはしなかった。一一月に解任するまでに、QPRは一二試合を終えて勝ち点は四しかなく、勝ち試合はひとつもなかった――サポーターや経営陣、選手を鼓舞する記録とは言えなかった。ひどい状態だったが、そこにハリー・レドナップがやって来た。このチームを救える人間がいるとすれば、それはきっと彼だとみんなが思った。悲しいかな、降格を許さないハリーの手腕を持ってしても、シーズンの最悪のスタートを変えることはできなかった。シーズンが終わりを迎える三週間前に、QPRはレディングと〇対〇で引き分けて、ともに降格が決まった。私たちはすすり泣きながら降格した。プレミアシップを離れたのは、結果的には良かったけれど、二〇一三年四月には、世界の終わりみたいな感じがした。

しかしサッカーに終わりはない。プレミアリーグで迎えた最初のシーズンほどの激しさではないにしても、私がチェアマンになってから初めてチャンピオンシップに戻ったシーズンは、最高の興奮を味わうことになった。

ジョーイ・バートンがマルセイユから戻ってきて、ミッドフィールドとチームの精神を強固にしてくれて、QPRは燃えはじめた――一〇月の終わりまで、ひとつの試合も負けなかった。その後、クリスマスにかけては厳しい時期になり、不安定だった。最後の一七試合のうち七試合を落として、上位二チームから脱落した。レスター・シティとバーンリーが上位争いで抜け出していったが、QPRはそのまま踏みとどまり、プレーオフ進出圏内のウィガン・アスレティックより勝ち点で七点上回って終わった。守りは堅かったが、ゴールを決めることもできなかったので、ほとんどの試合が接戦になった。

私たちはプレーオフでウィガンと二試合対戦することになっていた。私たちが勝てば、ウェンブリー・スタジアムに乗り込んで、ダービーかブライトンのどちらか勝ち抜けたほうと対戦する。私はウィガンというチームとは因縁があった。ウィガンには、ウェストハムとQPRとの間に、私を怖がらせてきた歴史がある。一回戦はDWスタジアムで開催され、不安なときはいつもそうだが、私はものすごく早く到着してしまった。一、二時間ほどひとりでうろうろしていると、スカイ・スポーツの仕事で来ていたジェイミー・レドナップに出くわした。彼は私を落ち着かせようとした。私は選手たちに会いに行って鼓舞しようとしたが、みんなピリピリしていたと思う。

タフな試合だったが、何とか〇対〇で引き分け、ロフタス・ロードでの第二戦を良い形で迎えることができた。試合当日、夜が明けると、空は晴れて暖かく、サッカーの試合には申し分のない夕方になった……試合開始九分でジェームズ・パーチに先制のゴールを決められるまでは。考えられる最悪のスタートだ。私はまたもウィガンに対する例の恐ろしさを感じていたが、ハーフタイムにジョーイ・バートンが選手たちを集めて円陣を組むと、何かが変わった。数週間前、ジョーイはCEOのフィル・ビアードを説得して、ジョニー・ウィルキンソンを担当したことのあるモチベーターのスティーブ・ブラックに来てもらった。スティーブが伝えたのは、一点に集中しつづけることで、それが効果を上げていた。そういう経緯の下、コミュニケーションチームがシンプルなスローガンを考案していた。「おれたちはひとつだ」。あのハーフタイムの円陣は、そのスローガンを完ぺきに表現していて、それがチームを活気づかせているようだった。

ジュニア・ホイレットがペナルティーエリアで倒された後、チャーリー・オースティンがペナルティーキックで一点を返した。残り時間は一五分ほどになっていた。私たちはそれまでに、ロブ・グリーンのすばらしいセーブや、ウィガンのボールがポストに当たるのを見ていた。運も味方していたが、勝とうと思えば勝てる試合だという気がしていた。ロフタス・ロードは信じられない雰囲気になっていた――投光照明の光の下で、観衆は一瞬たりとも気を抜かずにいる。またもや、サッカーをこれほどまでに特別なものにする、忘れられない夜だった。延長に入る前に「モンスーン」が始まった。マレーシアの悪天候の日みたいに、バケツをひっくり返したような雨が降りだしたのだ。ジョーイはみんなを呼び集めて、また円陣を組んだ。

ペナルティーを取りに行くのかと思っていたが、延長前半に、チャーリー・オースティンがボビー・ザモラのパスをゴールに押し込み、みんな騒然となった。ロフタス・ロードは大混乱。ウィガンは激しく向かってきて、ちょっとボールがそれていたら、ロブ・キアナンに同点弾を決められるところだった。観衆が一斉に息をのむ音が聞こえた。

やがて試合終了のホイッスルが鳴り響くと、ピッチに人が押し寄せた。雨はまだ激しく降りつづいていて、私はやばい人みたいにぴょんぴょん跳びはね、みんなは私の名前を歌い、周りを取り囲んでいた。ずぶ濡れになってサポーターとセルフィを撮りながら、ピッチの上でお祝いする頃には、たぶん真夜中になっていたけれど、私たちはロッカールームでシャンパンを開けて、夜更けまでずっとパーティーをした。ウィガンのチェアマンであるデイブ・ウィーランは、途中なのにヘリコプターで帰ってしまって、おかしいなと私は思ったけど、彼は経験豊富なチェアマンだから、前にもこんなことはすべて経験済みなのだろう。私たちの興奮は二四時間足らずで終わった。プレミアシップへの最後のハードルに集中しなければならない。

とうとう、二〇一四年五月二四日の夜が明けた。ウェンブリー・スタジアムで、ダービーとのプレーオフ決勝戦が行われる日だ。私たちはQPRのフラッグを四万本用意して、QPRのスタッフ、コミュニティー・トラストのメンバー、サポーターによる一〇〇人ほどのボランティアが、QPR側の座席すべてにフラッグを置いた。チームが出てきたとき、そこには夢のような光景があった――青と白のフラッグのわき返る海が、グラウンドの片方のエンドを支配している。チームをウェンブリー・スタジアムに連れていくというのは、わずかな人間しか味わえない感覚だ。私はそれをどんなものとも引き換えるつもりはない。

ＱＰＲは完全にダービーに押されていた。ハーフタイムに〇対〇のままだったのが、不思議なぐらいだった。後半に入ると事態はさらに悪化した。ガリー・オニールがジョニー・ラッセルを倒して退場し、ＱＰＲは一〇人で戦うことになった。大幅な戦力低下だ。私たちは長い長いシーズンの終わりを迎えようとしていて、残り時間は三〇分以上あり、相変わらず攻められまくっているのだ。片方のボクサーがロープに追い詰められて、身動き取れない状態でフルラウンドを戦う、ボクシングの試合のようなものだ。まだ立っていられるのが不思議だったが、これだけ長く持ちこたえているのだから、何とかできるのかもしれない。

私はルーベンに顔を向けた。「この試合、勝つぞ。選手を送り出すときはいつも、勝つか良い結果を手に入れるんだ」

私の隣に座っていたフィル・ビアードは、消沈していた。「さっさと終わらせて、諦めよう。来シーズン、メンバーを編成し直して、またがんばればいいさ」

試合開始から八九分が経過し、ＱＰＲはまだ一本のシュートも打てずにいた。シーズンを通して目立った活躍ができなかったジュニア・ホイレットが、相手をかわしながらサイドを駆け上がっていき、クロスを蹴ると、ダービーのキャプテンであるリチャード・キーオがクリアしようとしたが、かすっただけだった。ボールはまっすぐボビー・ザモラのところへ飛んでいき、彼が先制弾を押し込んだ。高揚！　狂喜！　そのときの感情は、言葉では表せそうにもない。ダービーが押し返す時間はなかった。

試合終了のホイッスルが響いたとき、信じられなかった。五三年間生きてきて、それを上回る感激はない。こんなの、まるで『ロイ・オブ・ザ・ローバーズ』〔イギリスのサッカーコミック〕の世界だ――とは言っても、漫画の中でさえ、こんな結末にはならないだろう。

私たちはトロフィーを授与されて、そして、そう、これ以上何を望むというのだろう？　私たちがピッチに降りると、四万人のＱＰＲサポーターが、私の名前やみんなの美しいチャントを歌っていた。そのとき、ジョーイ・バートンが肩車で私を担ぎ上げた。デイリー・スター紙は、その写真を翌日の最終ページに掲載した。

私はそのときのことを、何度となく思い返している。選手とスタッフ全員のために、ロフタス・ロードでパーティーを開いた。みんな三、四人の家族か友人も連れてきて良かったから、かなり盛大なパーティーになり、またもや明け方まで続いた。私はその夜は眠らず、ただひたすらハイライトシーンを何度も繰り返し観ていた。次の日もロフタス・ロードで別のパーティーを開き、およそ八〇〇〇人のサポーターがチームを祝うためやって来た。ＱＰＲはこういう家族的なクラブで、ファンが地元密着だから、打ち解けた雰囲気になっていた。ほかのブランドも紹介するチャンスを決して逃さない私は、ハリーに感謝の印として、特別な番号を選んだナンバープレートをつけてケータハム・セブンを贈った。

ＱＰＲはプレミアシップに復帰したものの、勝算がまた心配になっていた。私たちは予算と選手についてミーティングを重ねたが、二〇一二－一三年シーズンと同じ失敗を繰り返しそうだった。ウェストハムにいた頃とは違って、ハリー・レドナップがユースアカデミーの選手を使おうとしないことに、私は少し驚いた。彼はその反対のことをしていた。良く知っていて信頼している選手を使いたがったのだ。そんなわけで、彼はリオ・ファーディナンドと契約を結んだが、私たちは意見を戦わせていた。リオを人としても選手としても尊敬しているが、このチームに必要な選手ではないことを、ジョーイは明言していた。

私たちはマット・フィリップスとレロイ・フェルも獲得し、これは良い契約になった。スポーツ・ダイレクターを務めるレス・ファーディナンドには「やめておけ」と忠告されていたのに、サンドロも獲得した。トッテナム・ホットスパーにいた頃のサンドロは獣のようだったが、私たちはひどくがっかりさせられた――とにかくうまくフィットしなかったのだ。中心となる良い選手たちもいたが――例えば、ロブ・グリーンは最高だった――ディフェンスが弱いせいで、ずいぶんゴールを決められてしまった。ディフェンス陣は、あまりパッとしないレベルの選手たちの中では上位にいるという程度の選手たちだった。

プレミアリーグからベテラン選手を獲得しようとするのではなく、下部リーグの選手を狙ったほうが良いことが、だんだんはっきりしてきた。下部リーグの選手たちはコストパフォーマンスが高く、貪欲な傾向にあった。二〇一六－一七年が終わる頃、ＱＰＲの選手の中には、プレミアリーグに所属していた選手がひとりもいなくなっていた——みんな下部リーグ出身か、ユースアカデミーの選手だった。そのほうがずっと良い感じだった。私が就任してから実質的にずっとクラブに残っていた選手は二人だけだ。ネダム・オヌオハとジェイミー・マッキー（チームを二シーズン離れていたが、戻ってきた）。それ以外はみんな、定着しなかった。

二〇一四－一五年のシーズンは、ピッチの上では特筆すべきこともなかったが、その陰では著しい変化が起こりはじめていた。QPRは三八試合で八試合しか勝てず、最下位で終わった——バーンリーに勝ち点三、ハル・シティに勝ち点五の差を付けられていた。問題が山積みだった。ジョーイはミッドフィールドで必要なサポートが得られず、私たちが連れてきた選手たちは力不足だった。それでも、いくつかは希望の兆しもあった。夏の間に、私はレス・ファーディナンドから電話をもらった。レスはQPRのレジェンドで、このチームで約一六〇試合に出場して、八〇ゴールを記録している。レスが言ったのはこれだけだ。「QPRで何か仕事がしたいんだ」

私たちはジャカルタで会うことになり、すっかり意気投合した。レスは荒っぽい男だが、根は優しくて、クラブに少しばかり規律をもたらすには打ってつけの人物かもしれないと気づいた。だから、私たちはレスをフットボール・オペレーション部長として契約し、ユースアカデミーの選手の才能を伸ばしてもらうことにした。彼は一〇月に就任し、ユースアカデミーの監督としてクリス・ラムジーを連れてきた。二人はトッテナムでチームメートだったので、気心が知れていた。フィル・ビアードもハリーも、この契約にちょっと腹を立てていたようだ。レスたちが来たことで、自分たちの立場が多少弱くなってしまうというのが、その原因だろう。けれど、これは新しいプランの始まりだった。

二〇一五年二月、ハリーが辞任した――移籍市場が終了した直後に。彼は膝の手術を受けなければならなかったのだが、また残留争いに向き合う気力がないというのも、理由としてあったんじゃないかと思う。レスが加わったことで、ますますユースに重きが置かれると感じていたのかもしれない。私はハリーが好きだし、一緒に過ごす時間も多く、この件について彼を責めてはいない。それどころか、長い目で見れば、ハリーは本当にクラブに尽くしてくれた。

私たちは新しい監督を探しはじめた。さまざまな候補者の中で大本命はティム・シャーウッドだった。その前年に解任されるまで、彼はトッテナムで手腕を発揮していた。二人でじっくり話し合い、私はティムを気に入ったが、彼は頑固で主張が強く、遠慮ない物言いをした。ますます厄介なことになり、好戦的な関係が生まれてしまうかもしれないと思った。結果的には、ティムは最後の最後にアストン・ヴィラを選んだ。結局、私たちはそのシーズンが終わるまで、クリス・ラムジーを暫定監督に任命した。クリスはアカデミーですばらしい仕事をしていて、選手を知り、クラブを理解していたので、私たちは彼に昇進のチャンスを与えようと思ったのだ。

同時に、戦力の補強も含めてレスの役割を大きくし、そのためにフィル・ビアードは、自分の権限が弱まりすぎていると感じた。フィルとは最初から一緒にやってきたが、クラブは別の方向に進みはじめていて、もっとサッカーの経験が豊富な人材が必要だと気づいた。ハリーが辞めた一カ月後、二月にフィルは退任した。

四週間のうちに、QPRはCEOと監督を失った。サッカーにチャレンジは付きものだ。けれど、リー・フースに会って、また希望の兆しが見えてきた。私たちは彼を説得し、CEOとして迎え入れた。これまでクラブが契約してきた中で、最高の相手と言えるかもしれない。リーは、バーンリー、レスター、サウサンプトン、フラムでCEOを務めた経歴を持つ。どこまでもサッカーを知り尽くしていて、大きな変化をもたらした。リーとレスが就任したことで、クラブは変貌を遂げたようで、彼らに任せておけば大丈夫だと思い、ルーベンと私は予算のことだけを考えられた。クラブで過ごす時間をあまり取れないという私の問題は、私が望むやり方で物事に取り組み、信頼して任せられる相手に毎日現場に出てもらうことで補われている。

クリスが指揮を執った最初の試合の後、狙い通りだったと私たちは思った。QPRはサンダーランドにアウェーで勝利した。シーズンを通して、初めてのアウェーでの勝利だった。リオ・ファーディナンドほか数名から、クリスはなかなか良さそうだというメッセージが届いた。それでも私は、ポール・クレメントと話しはじめていた。ポールはレアル・マドリードでカルロ・アンチェロッティの副監督を務めていた。彼はクラブにとって最高の人材になるだろうと私は思っていた。けれどポールは、最低でもそのシーズンが終わるまでは、レアル・マドリードを離れたくないと思っていた。というわけで、私たちはクリスにそのまま指揮を執ってもらった。クリスはチームを立て直すことはできず、QPRは勝ち点三〇しか取れないままに最下位で終わった。

ふり返ると、私たちは立ち止まって強固なチーム作りをするということができていなかった。私が買収してから、クラブは残留争いをし、生き残り、プレミアに残留するため選手を獲得するものの降格し、昇格を目指して戦い、またもや残留のために戦ってきた。安定というものが、どこにもなかった。そのシーズンの終わり、チームの平均年齢は三一歳に近かった――年俸に見合うだけの働きをしていない大型契約のベテラン選手が大勢いた。私たちは間違った道を進んでいた――ジョーイが言っていたとおり。

クリス・ラムジーは良くやっていたが、この仕事に適任ではなく、一一月の初めにはユースアカデミーの監督に復帰させた。次期監督を見つけるまでの一カ月間、ニール・ワーノックが暫定監督を務めてくれた。私はニールにそのまま残ってほしかった――彼のおかげで良い結果を出すことができて、これだけの短期間に彼が成し遂げたことには感心させられた。けれどそれ以上に、長い目で見ることが重要だった。チームを再建できるもっと若い指揮官が必要なのだ。

私たちはジミー・フロイド・ハッセルバインクを監督に就任させた。彼はチェルシーの元ストライカーで、プレミアリーグのゴールデンブーツを二度受賞している。選手を引退してから、ジミーは指導者としてキャリアを積み、成功してきた。私たちが彼を招聘したときには、バートン・アルビオンをフットボールリーグ1からチャンピオンシップに昇格させていた――バートンがこのリーグレベルに到達するのは、初めてのことだった。ジミーにはすべてが備わっていると思った。若くてたくましいストライカーだから、攻撃的なサッカーを目指すだろうと見込んでいた。ところが現実には、チームはみっともないサッカーをして、ジミーの下でもがいているように見えた。

二〇一五ー一六年シーズンが進む中で、ジミーはチームに影響を与えることができず、成績は散々だった。平凡な一二位で終了したが、この夏と新しいシーズンはもっと良いスタートが切れるだろうと期待していた。

結局、ジミーを解任するしかないと言ったのは私だった。チームのプレーの仕方にイライラしていたのだ。勝ったり負けたりするよりも、ドローで終わる試合のほうが多く、覇気が欠けているという感じがした。ジミーはいくつか奇抜なアイデアを試し――ときには、ストライカー抜きでプレーするなど――彼がひとりの選手に固執しているせいで、チームは苦しむことになるだろうと私は思った。その選手はチャロン・チェリーで、ジミーは彼を中心にチームを組み立てており、コナー・ワシントンのようなほかの選手にチャンスを与えていなかった。そういうわけで、ブレントフォードに二対〇で負けた後、私たちはついに彼を解任することを決断した。二〇一六年一一月五日にレスが手続きを行い、私はクアラルンプールに戻った。

監督としてジミーがピッチにもたらした結果には問題があったが、正当に評価すれば、彼は――クリス・ラムジーと一緒に――チームの浄化から取り組みはじめていた。ベテラン選手を切り、チーム内の空気を変え、ユースアカデミーをもっと重視したことについては、見事な仕事ぶりだった。ようやく、チームの育成計画に、しかるべき焦点が合わせられつつあった。ある統計数字がその効果を示している。二〇一六－一七年シーズンの初めには、一軍の平均年齢は約二四歳にまで若返っていた。

はっきり目に見えるものではないけど、同じぐらい重要なことで、チームの雰囲気もエアアジアみたいになり始めていた――さまざまな立場の選手が集まって、それぞれにふさわしいポジションを見つけている。その時点まで、私はQPRでユースアカデミーから一軍に上がってくる選手が出てくるとは思っていなかった。いまでは五、六人の選手が「卒業して」、ベンチ入りするかスタメン入りを果たしている。

ジミーを解任した後、私たちはあらゆるタイプの監督を検討した。すると、私の相談役で広報部長のイアン・テイラーが、「イアン・ホロウェイに当たってみたらどうだろう」と言った。これに対して、新しいCEOのリー・フースと、フットボール・ダイレクターのレス・ファーディナンドは、少し疑問視した。確かにホリーは元選手で、誰よりもエネルギッシュな監督のひとりかもしれないけれど、私たちが全員一致で必要だと定めた方向へチームを向かわせられるほど戦術的ではないのでは、というのが彼らの意見だった。ユースアカデミーを発達させ、クラブ全体の仕組みについて組織的にアプローチし、選手を鍛えてアカデミーから一軍に送り出せるような新監督が必要だった。

私はとにかくホリーに電話して、話し合いを始めた。私はぶっ飛んだ。クラブを愛するあまり、給与について尋ねさえしない監督がここにいた！　ホリーは監督の仕事と、QPRに最善を尽くすことしか頭になかった。そのひたむきさは、これまで出会ってきたどんな熱心な人たちをも上回るほどだった。

私はルーベンに話した。「信じられない情熱だよ。金や契約には興味がないんだ。QPRの監督をやりたいだけで」

クラブにぴったりの監督だと思った。だから、私はホリーを推し、監督に雇い入れた。

ホリーの初めての試合は、ホームでのノリッジ・シティとの対戦だった。ノリッジは試合開始二分で選手がひとり退場になった。QPRは二対〇でリードしていて、ノリッジが一点を返し、残り一五分はきわどい攻防になった。QPRは二対一のまま逃げ切った。

そのシーズンは良い形で終わりを迎えた。ようやくチームは再建されつつある。五年を経て、ずっと夢見てきたものを私たちは手に入れた気がしている。紛れもなくこれがQPRだと言えるチームを。レス・ファーディナンド、イアン・ホロウェイ、マーク・バーチャム、そしてQPRの元選手たちが、現在は中心となってクラブを運営している。

ホリーはユースアカデミーから選手を選んでいる――いまでは二人の選手が一軍に上がり、さらに五、六人がすぐ下に控えている。私がチェアマンとして務めてきた五年間にはなかったことだ。

クラブはそれ以外の面でも、結果が花開きはじめている。レス・ファーディナンドがゲイリー・ペンライスを連れてきてからは、スカウトシステムも強固になった。偶然だが、ゲイリーはホロウェイと一緒にＱＰＲでプレーしていた。アカデミーへの投資は回収しつつある。常々私は、青い血が流れている選手が欲しいと言いつづけていたが――私にとって大事なのはそれだけだった――そんな選手はひとりもいなかった。歴代監督のほとんどは、ユースアカデミーを選手の供給源として見たがらなかった。アカデミーの質の高さについて繰り返し話していたジミーでさえも、チームのメンバーを選ぶときには、決して考慮に入れなかったのだ。

私はいま、ＱＰＲについて、これまでになく楽観的に考えている。申し分ないチーム、申し分ない雰囲気になり、申し分ない選手も獲得しはじめている。長期的な戦略にはなるが、きっと実を結ぶだろう。

第11章

最高のゲーム

BGM：「イッツ・ライク・ディス」　リッキー・リー・ジョーンズ

エアアジアは私のワーキングライフの背骨を担っている。エアアジアがなければ、私はマレーシア・グランプリのスターティング・グリッドに立つことも、ウェンブリー・スタジアムでジョーイ・バートンに肩車されることもなかっただろう。だけど、飛行機より前から、私はサッカーに情熱を注ぎつづけてきた――それは私の人生をずっと通っている一本の糸のようなものだ。

サッカー・ビジネスを運営することと、それ以外の大半のビジネスを運営することとの違いは、この一語に尽きる――コントロールだ。私はエアアジアで起きる多くのことはコントロールできても、サッカーの試合を観戦中には、どうすることもできない。監督がメンバーを選び、選手はピッチに出ていき、それで終わりだ。私にできるのは、指をクロスさせて幸運を祈り、スタンドに座ってレス・ファーディナンドと話すことだけ。私にとって、これは実に不思議な経験だ。

それに、何を得ることになるかも、知りようがない。チームが信じられない見事なプレーを見せる日もあれば、うまくいくのを期待していても、そうはいかないこともある。それこそがサッカーをエキサイティングで恐ろしいスポーツにしているのだ――何が起きるのか、まったく予測できない。

私はサッカーが大好きだから、サッカーの仕事をしている。金儲けのためのビジネスじゃない。サッカークラブは希少な資産だから、ＱＰＲの扉を叩くバイヤーは後を絶たない。でも、私はこのクラブが大好きだから、売るつもりはない。

サッカー、マネージメント、リーダーシップについて、私は学んだ教訓をほかのビジネスにも当てはめている。五年間サッカーを間近に見てきて、試合そのものについても言っておきたいことがいくつかある。

チェアマンとしてまずやるべきなのは、常に心ではなく頭を使うことだ。情熱は大事だ――ピッチの上では情熱が必要だ――けれど、情熱を持つことと、決断を下すときに情熱に任せることは、まったく別の話だ。決断する前には、必ずひとつ深呼吸をしてみたほうがいい。大きな決断を迫られるとき、私はいつも二〜三日待つようにしている。強い感情の赴くままに反応するのは、あまりに安易なやり方だから。

ＱＰＲで最初のうちに直面した問題の数々は、私がじゅうぶん問いかけることをせず、現場にいなかったことが原因だ。しかるべき立場に置かれている人々は、やるべきことをわかっていて、決断を下すだけの根拠を持っているはずだと思い込んでいた。必ずしもそうとは限らなかった。数シーズンを要したが、いまではクラブにチームの運営を任せられる。これは非常に重要なことだ。私は四六時中その場にいられるわけじゃないが、いまでは私がいないときに下される決断には、クラブの運営の在り方に対する私の意見が正しく反映されている。反対に、私はリーダーであることについて、ひとつのことを確かに学んだ。集中することの必要性だ。Ｆ１に関わっていた頃、私は同時にＱＰＲとエアアジアも運営しようとしていた。すると、どれもうまくいかなかった。特にエアアジアは傾きはじめた。ディンと私が一から築き上げてきたものが。私たちがずっと見張っていなくても、エアアジアは繁盛しつづけてくれなければいけないと私は感じていた。でも、そうはならなかった。それに、ＱＰＲもケータハムＦ１も、しかるべく機能しなかった。集中し、その場にいて、観察し、耳を傾け、現場の人々と話をすることは、ひとつの事業にどんなことが起きているのか理解する上で不可欠だ。（ａ）意欲を起こさせる、（ｂ）悪影響が出はじめる前に問題を把握する、そのためには、ほかに方法はないのだ。成功させるには、集中しなくてはならない。そうじゃなければ、私はそれぞれの事業に必要な注意を払うことができなかっただろう。

チェアマンの役目は、予算を認め、予算にかかりっきりになり、正しい裏方のスタッフを雇い、クラブを運営させることだと学んだ。抑制と均衡を保ち、毎日その場にいるわけじゃないからこそ、現場の人間が気づかないことに気づくはずだ。しかるべき人材が現場に置かれていれば、チェアマンが見て取ったことは、期待するとおりのクラブに成長させる上で、スタッフの役に立つはずなのだ。

役員会はプロフェッショナルに機能させるべきだ。サッカーでは莫大な金額が動いているので、役員レベルが下す決断に感情を交えてはならない。優良な役員会、優良なユースアカデミー、しかるべきチーム、しかるべきスカウトシステム、優秀なメディカルシステムがあれば、立派なサッカーチームの要素はすべて揃うことになる。役員会は予算を編成し、事業の健全性を監視する。アカデミーは、クラブの空気を身体に深く染み込ませた忠実な新しい選手をチームに送り出す。チームはピッチでプレーする。スカウトシステムはふさわしい選手を新たに迎える。ここで言う〝ふさわしい〟とは、単に〝成功した〟という意味じゃない。クラブと同じ価値観と展望を持つ選手のことだ。メディカルスタッフは選手の健康を管理する。高尚な見解ではないが、シンプルさは強みだ。いつでも。

私が引き継いだとき、これらのどれを取っても、このクラブはプロフェッショナルじゃないことに、本当に驚かされた。それに対して、私は何もしなかった。それどころか、悪化させたのかもしれない。そういうものなのかと思い込んでいたせいで。数年が過ぎてからようやく、本物のビジネスみたいに、正しいやり方で運営する必要があることに気づいた。私のビジネスのアイデアは、情熱に基づいている。働く人はみんな、自分のしている仕事に情熱を持つべきじゃないだろうか。スポーツも情熱がすべてで、ときにはその情熱がビジネスに対する判断力を鈍らせることもある。初めのうち、私は情熱的になりすぎて、そのせいで判断を曇らせてしまっていた。いまのQPRのチームは、情熱的でありながら、クラブのために賢い決断もできている。ルーベンと私が口を出すのは、必要とされるときだけだ。

いまどきのサッカー選手は、ふたつのタイプに分けられることも知った。とにかくサッカーがしたいという選手と、給料をもらって銀行に預けるだけの選手。QPRの仕事を始める前は、私が人生で経験してこなかったことだ。週に五万ポンドを支払われている選手が、全力でプレーしないとは。

もっと一般的な話をすると、これほど大金が絡むスポーツなのに、エージェントに対する規制が緩すぎることも驚きだった。エージェントの基準と監視をもっと強化すべきだ。立派なエージェントもいるにはいるが、クライアントである選手よりも自分の利益を優先して、選手のキャリアを台無しにしてしまうエージェントがいるのだ。若い選手たちは、実社会について何も知らないまま大金を稼ぐことがある。彼らにとって、エージェントは信頼して当てにする存在になる。こうしたエージェントは、選手の面倒を見ることで、信頼に対する報酬を受け取っている。エージェントに対する規制は不可欠だ。

クラブもエージェントに支払うべきではないと、私は思っている。選手がエージェントに支払うべきだ。エージェントは獲得するべき選手について監督に影響を与えるため、常に試合を壊す存在である。これは選手、監督、サポーター、それに試合そのものにとっても、喜ばしくないことだ。

いまのところ、プレミアリーグはうまく運営されていると思う。ファイナンシャル・フェアプレー〔UEFA（欧州サッカー連盟）が制定した、各クラブチームに適用される財務上の規則〕は、重要な第一歩だ。決議の投票数がちょうど半分に割れたとき、実は私の投票が最後の一票になった。数々の富裕なクラブは私の決断に驚いただろうけど、クラブに財務上の説明責任がないのはおかしいと思ったのだ。皮肉なことに、QPRはファイナンシャル・フェアプレーに違反したとみなされたのだが――私の見解では不当な判断で、それからは規則が変更されている。

プレミアリーグの運営はうまくいっているが、問題はそこら中に散らばっている。チャンピオンシップは試合数が多すぎる。リーグをもっと小さくするべきだ。固定されてばかりいては、イングランドサッカー界にとって何の利益にもならないが、プレミアリーグに出場する機会があまりなさそうな若い選手たちを育成する上で、チャンピオンシップは重要なリーグだ。ここ数年のイングランド代表チームの編成は、どこかがおかしい。紙の上では強そうに思えても、実際にプレーしてみると、良い結果を出せずにいるのだから。

ひとつの改善策としては、アメリカでやっているみたいに、プレミアリーグとチャンピオンシップを合わせ、イースタンリーグとウェスタンリーグに分けて、各リーグの優勝チーム同士で決勝を行い、チャンピオンを決めるのだ。こうすればシーズンがもっと面白くなるんじゃないだろうか。サッカーは、F1ほどではないにしても、この二〇年間で結果の予想がつくようになってしまった。一九九二－九三年にプレミアリーグが始まってから、優勝したことがあるのは六チームだけだ――二〇一五－一六年にレスターが大番狂わせで優勝したのも含めて。だから、シャッフルするのはいいだろうし、地方別のリーグにして、プレーオフとFAカップへと続くというのも面白そうだ。これらのリーグは、固定されることはない。昇格も降格もあるので、クラブの変動はある。このスタイルでやれば、プレミアリーグとチャンピオンシップのクラブの財政格差を縮められるはずだ。現状では、この格差を解消することは不可能に近い。スコットランドの強豪クラブもリーグに参加させるべきだ。レンジャーズやセルティックなどと同じリーグでプレーできたら最高だ――競争の質が上がればQPRのためになるだけじゃなく、リーグを強くできるものなら、意義のあることだと思う。かなり過激なアイデアだが、もうその時期が来ているんじゃないだろうか。私が思うに、これが実現すれば、地元選手のレベルも、チーム同士の勝負のレベルも、全体的に高くなるだろう。

これは長期的なプランだが、もっと短期的な話をすると、誤審によってあまりに多くの試合が無価値になっているという事実に触れておかなければならない。審判員を責めるわけにはいかない――彼らは人間で、試合は〝時速一〇〇万マイル〟で動くんだから、使える助けは使うべきだ。とはいえ、莫大な金額が審判の判断にかかっている。ラグビーやクリケットを見てくれ、どちらも重要な判定は、すぐにリプレー映像で検証できる。クリケット！　あれほど伝統的で保守的で古風なスポーツでも、新しいテクノロジーを導入しているのだ。サッカーも同じことをするときだ。

生中継では、あらゆる判定を三つの異なる角度から捉えているのだから、技術はもうそこにある。試合の進歩を妨げているのは、FAとプレミアリーグだけだ。審判がペナルティーの申告やオフサイドを見逃したり、誤審をしたりしたら、リプレー検証を行って判定できるようにするべきだ。それなら少なくとも、審判とテレビ観戦者が同じ視点を持てるだろう。ゼップ・ブラッター〔前FIFA会長〕は、試合の流れを止めてしまうと文句を言うかもしれないが、正直に認めよう、サッカーの試合はどっちみちしょっちゅう止まるものなんだから、大事な判定を間違わないことは、試合を向上させるだけだ。私だったら、一試合につき三回まで各チームは判定にチャレンジできることにして、審判員にも権利の行使を認めたい。

私がワーナーミュージックを辞めたのは、彼らが新しいテクノロジーを取り入れようとしなかったからだ。同じように、FAかFIFAがテクノロジーを採用して使わなければ、サッカー界も損害を受けるだろう。ラグビーからシンビン〔反則行為をした選手を一時的に試合から退場させる制度〕も取り入れたい。公平な罰則だ――一〇分間の退場処分なら、採用したところで害はない。

最後に、ファンについて話しておきたい。私の人生は情熱がすべてだ。そしてサッカーのサポーターの情熱は、並大抵のものではない。選手や審判に怒鳴ったり暴言を吐いたりすることで、サポーターは批判されることも多いが、それだけ真剣なことの表れだ。彼らは試合が大好きで、応援しているクラブが大好きで、すべての判定、勝利、敗北を、全身で受け止めている。私はサッカーのそういうところが大好きだ。ひいきチームの試合を観戦するために、冬の平日の夜にロンドン西部からハルやドンカスターへ四〇〇～五〇〇人のファンが車で駆けつけるスポーツがほかにあるなら教えてほしい。たとえ試合に負けても、サポーターはチャントを歌っている。アメリカのスポーツファンによる、こんな投稿がある——イングランドの（それにヨーロッパの一部の）サッカーの試合を観に行ったら、その雰囲気と激しさは信じられないほどだった。アメリカやほかのどこでも、あの感じは味わえない。

サッカーにはすべてがある。驚異的な技術、何世紀にもわたるライバル関係と伝統、涙が出そうなほど最高の雰囲気のスタジアム、世界共通の言語、生涯かけて比類ない応援をしてくれるサポーター。サッカーは世界一のゲームだ。だからこそ、時代に取り残されないよう、守らなくてはならない。

第12章

チューン・アップ

BGM：「心のきずな」　リッキー・リー・ジョーンズ

チューン・グループ——ビジネスベンチャーのための私とディンのグループ——の使命は〝サービスの行き届いていない人へ奉仕する〟ことだ。一六年前と変わらず、社会的な意味のあることに感じられる。

私たちはエアアジアを買収したばかりの頃に、チューンを設立した。私たちの航空会社は、いまやケータハム、QPR、ミラス、それにチューン・ホテルズ、チューン・トーク、チューン・プロテクトといった、いくつかのチューン・ブランドの会社と提携している。この名前は音楽に対する愛から来ていて、その目的はずっと変わらず、「暮らしにチューンを」というスローガンのライフスタイル・ブランドを創ることだ。

ディンと私は、低価格で価値あるものを提供するという基本的哲学を共有している。チューン・ブランドの会社はそれぞれ、各分野でそういう取り組みをしている。これを支持することで、ブランドを展開している。飛行機でも、保険でも、モバイル・インターネット・アクセスでも、ホテルの宿泊でも、チューンは価値あるサービスや商品の道しるべになるという考えに基づいているわけだ。最終的には、割引や顧客の必要に応じたお急ぎ便のサービスを提供する、ポイントカードですべてが繋がることになっている。チューンはエアアジアと共に始まった。私は最初、この航空会社をチューン・エアと名付けたかった。創業時に行ったブランディングに関する打ち合わせで、デザイナーが考案したロゴと色のデザインを披露する段階まで来ていた。

反応は芳しくなかった。

観光相はこう言った。「なぜ名称を変えるんだい？　エアアジアは完璧じゃないか——アジア全土を網羅していることが伝わるし、地理的な独自性もある。チューン・エアには何の意味もない」

ワーナーミュージックの元同僚のキャスリーン・タンも、遠慮なしに言った。「チューン・エアなんて、中国語の罵り文句みたい」

スタッフも同じ意見だったのが、決定打になった。旧会社の待遇はあまり良くなかったとはいえ、彼らはその名前の持つパワーについては認めていた。ディンと私は押し切られた。

旧エアアジアの飛行機は青かった。私はそれを変えたくて、赤以外のあらゆる色の組み合わせを試してみた。私にとって赤はヴァージンの色だったし、リチャード・ブランソンと私には似ている部分がもうじゅうぶんあったので、違う色を選びたかった。結局、オレンジに決めて、パイロットにデザインを見せた。

「赤にするべきだ。きみの色だし、きみに合ってる。リチャード・ブランソンのことは気にするな。きみはきみなんだから。自信を持つんだ」

ところで、私とリチャードの似ているところについて、私の見解ははっきりしている。私たちは興味の対象が似ている――飛行機、音楽、スポーツ全般――けれど、彼の冒険に対する定義は、私とはちょっと違っている。リチャードの考えるスリルとは、熱気球で大西洋を渡ろうとしたり、月へ行こうとしたりすることだ。私とはまったく違う！　月に行ってどうするのか？　着いたら何をするつもりなのか？　私は月に行くよりも、地球でしたいことが山ほどある。第一、月にはパーティーする場所がない。私たちは良い友だちで、同じ都市に滞在しているときは、いつも会おうとしているけれど、私はマスコミが印象づけようとしているような、アジアのリチャード・ブランソンじゃない。私は私なのだ――エアアジアのあのパイロットに言われたように。

私はデザインを青から赤に変えて、飛行機の尾翼に付いていた旧来の鳥のデザインをなくした。明快な要素がひとつだけあるのが、ブランディングでは最も効果的だと思っているから。ナイキも、BPも、コカ・コーラも、アップルもそうだ。ロゴやシンボルは、見た瞬間にそれとわかるもので、余分な飾りはいらない。というわけで、鳥のデザインをなくして、見たらすぐにわかるようなシンプルなデザインにした。

チューンのロゴとブランディングは、こうしたアイデアに倣っている。パッと見てインパクトのある、シンプルな赤いロゴ。チューンで取り扱うさまざまな商品について調べてきたが、私がいつも帰り着くのは、チューン・ホテルズだ。これは世界的に大きな成功を収められそうな気がしている。コンセプトはシンプルだ。エアアジアのビジネスモデルをホテルに当てはめている。高品質の基本的なサービスを提供し、追加のサービスには料金がかかるという、低コストホテルを造りたいと思っている。どこかの都市に宿泊するなら、快適なインターネット接続、安眠、気持ちの良いシャワーが必要で、あとは出かけていって散策したり会議に出席したりするはずだ。だだっ広い部屋、四〇インチのテレビ、ミニバーはいらないだろう。余分なものをそぎ落とし、品質の良い必需品だけそろえることで、顧客のために価格を下げることができる。

最初にこのアイデアに着手したときは、確かにケチケチしすぎた。タオル、石けん、そのほかの基本的な備品についても、宿泊客に追加料金を要求しようとしたのだ。これではお得感がなく、システムもややこしくしすぎだった。これらの問題の指摘を受けて、新たなマネジメントチームによって、チューン・ホテルズはその約束を果たしはじめている。まだまだ道のりは長い。

理論上は、チューン・マネーもアイデアはシンプルだったが、悪戦苦闘している。最近、すばらしい友人でCIMBの頭取であるジェイ・ラザックと話をしているとき、彼はスカッシュ・コートでこの事業の最初のコンセプトに肉付けしたことを思い出させた。私は前から金融サービスに参入したいと思っていた。

私たちは、まずはオンラインでユニット型投資信託を販売することから始めて、ゆくゆくはクレジットカードの契約、さらに幅広い金融商品を展開していくということで合意した。残念ながら、私たちが立ち上げたジョイントベンチャーは、資金を枯渇させた。大失敗だ。私たちは再投資を続け、いったい私たちは何をしているんだろう、とジェイが問いかけた。もっともな疑問だった。何といっても彼は銀行員であり、お金を失うことには慣れていないのだ。

あと一八カ月待ってくれたら、立て直してみせるから、と私はジェイに頼んだ。最終的に、私は保険商品を作り、エアアジアを通して売り込んだ。成功だった。エアアジアでうまくいくと、ほかの航空会社の乗客にも売れはじめた。

この事業を考えたのは、保険契約はややこしすぎると思ったのがきっかけだ。保険契約書を読んだことがあるだろうか？　あるとしたら、あなたは少数派だ。多くの確立したビジネスみたいに、保険は顧客にとって難しすぎる。私たちの保険事業はいまでも役に立っているが、もっと良くできる余地がある。保険証書は簡単に理解できるものにするべきで、簡単に手に入り、簡単に請求できるものであるべきだ。契約期間はもっとフレキシブルに選べたほうがいいし、一緒に旅行に行く団体向けのセット商品というのもあってもいい。私が求めているのは、フレキシブルなシンプルさだ――チューンではそういう商品を提供していきたい。私が事業に直接関与するCEOじゃなければ、実現しないかもしれないが、これからも推し進めていくつもりだ。

チューン・マネーというベンチャー事業を通して学んだ中で、いくつか興味深いことがあった。

ひとつには、こういうビジネスに着手するとき、初めのうち私は進むべき方向を示してもらうため、その分野の専門家の意見を求めている。けれど、たいていそのCEOたちは、私と、私のスタイルを真似ようとするのだ。そうなると、彼らはもがき苦しみ、最終的に効率的な経営に失敗してしまう。人生のすべてに言えることだが、自分というものをしっかり持たなければならない。

学んだことのふたつめは、型破りであることについて。私は繰り返しここに戻ってきている。新しい市場に参入するときはいつも、新しくて型破りなものを提供する必要がある。エアアジアを設立したとき、私たちはもちろん航空産業の専門家の意見を求めた。どんなことでも疑ってかかり、会社を導き、競争相手に挑んだのは、航空業界の出身者じゃなかった。ディンも私も、始めた頃は何も知らなかった。新しい市場で身を立てようとするなら、問いかけ、破壊し、生み出すことのできる人間を雇うと良い――同じ業界内の人間を雇ったら、その業界の枠組みの中でしか物を考えられない相手だったということが少なからずある。チューン・マネーは立派な人々が率いているが、彼らは保険か金融サービスの経験者だった。いまだに古い業界で古い会社を運営しているような考え方をしない人間が、私たちには必要だった。

そろそろ取り組まなければならなくなっている、チューンの関連会社とのロジスティックな問題は、チューンはエアアジアとは別の会社だということだ。このことが利益に関する軋轢を生みかねず、誰のためにもならない。何年か先、エアアジアはチューンを買収するつもりだ。ばらばらだった会社がひとつにまとまることで、エアアジアのポートフォリオは強化されるだろう。

というわけで、チューンの経営に関する問題は、私から見ると、これまでずっとふさわしい人間が率いてこなかったことだ。人材の選び方がどんなに重要か、どれだけ強調しても伝えきれない――革新と変化は不可欠だ。ビジネスは型破りであるべきで、私が関わって成功してきたビジネスは、型破りなものだった。航空路線であれ、保険であれ、それが模範となっている。

ディンとこれらの会社を始めた頃に比べると、いまでは経験を重ねていて、物事にどうやって取り組む必要があるか、もっと明確にわかっている。だけど、どんなところ――メール、ホワッツアップ・メッセンジャー、空港ターミナルでの出会い――からのアイデアでも無視しないのと同じく、私は常にビジネスと人について新しいことを学びたいと思っている。だから、いつも新しい経験を楽しみにしている。

第13章

「アプレンティス」の冒険

BGM：「クラック・ザット・モールド」　クリス・レア

アメリカでテレビ番組「アプレンティス」の話をしたら、相手はすぐにドナルド・トランプを思い浮かべるだろう。イギリスでは、アラン・シュガーになる。けれど、もっと世界を広く旅してみれば、出てくる名前は変わるだろう。実際のところ、この人気リアリティ番組はいまでは二〇カ国以上で別のバージョンが製作されていて、さまざまなビジネスの大物実業家がホストを務め、起業家予備軍の能力を試している。

この番組は、イギリスを除くほとんどのバージョンにおいて、特定のブランドが各エピソードのスポンサーになることを基本としている。つまり、そのエピソードに実際に資金を支払った企業が、課題を出すことになる。それにしても、莫大な費用がかかり――番組がひとつの国だけで放送されるのだとしたら、東南アジアのほとんどの企業にとって、支払うには高すぎる。そこで、番組プロデューサーは、「アプレンティス・タイ」や「アプレンティス・マレーシア」を製作する代わりに、規模を広げてアジア全域をひとまとめにすることにした――となると、世界の人口の半分が視聴する可能性があるのだ。

しかし、どの国でも知られているビジネスや実業家はそう多くはない。ところが、プロデューサーは、私の顔ならほかの人より知られていそうだと判断した。そんなわけで、ファー Pharの友人、マーカスとニックを通じて連絡をもらったとき、私は舞い上がった。

私の中にはいくつか障害があった。ひとつめは、ロジスティックなこと。私のカレンダーには、番組に参加する時間が取れそうな空白がない。ふたつめは、もっと曖昧なことだった。私にできるのか、自信がなかったのだ。人生の大半において、私は自分が何かを達成できるか、最初のうちは自分を低く評価してきた――学校の寮長になることでも、航空会社を経営することでも、サッカークラブを運営することでも。挑戦はしたくても、実際にやってみるまで、うまくできるか自信がないのだ。

また、私は自分をドナルド・トランプやアラン・シュガーのようだと思ったことは、一度もなかった。むしろ、性格でもビジネスへのアプローチでも、正反対だと感じていた。私は常に人にチャンスをあげて、組織の中でふさわしい役割を見つけようとしている。私が知る限り、トランプもシュガーも、顔が気に入らなければクビにするようなタイプだ。それに加えて、私にはリムジンも、ヘリコプターも、ボディガードも、大物のライフスタイルの虚飾も、すべて無縁なものだ。騒々しいタイプでもない。私はメディアを騒がせているせいで、世間の人からは騒々しいと思われているが、実はボスとしては物静かなほうなのだ。がむしゃらで攻撃的で傍若無人にふるまわなければ、番組がつまらなくなってしまうのではないか？

私はしばらく、その誘いを断っていた。けれど、エアアジアの広報担当者たちは、私が出演すればブランドの大々的な宣伝になると言いつづけていたので、ついに出演することに決めた。新しい冒険だ。

プロデューサーは、各チームの様子を観察して、それぞれの課題の報告をする、ふたりのオブザーバーを選んでほしいと言ってきた。私はキャスリーン・タンを選んだ。彼女は頭が切れて、経験豊富で、タフだ。優秀なマーケティング担当者で、ソーシャルメディアに精通している。キャットとは、ワーナーでもエアアジアでも共に働いてきた。もうひとりは、小学校から付き合いのある、マーク・ランケスターにした。彼は抜け目なく、キャットより柔和な性格だが、同じく洞察力が鋭い。マークともワーナーで一緒に働いていて、いまはチューン・ホテルズを運営していた。

番組の第一シーズンは強烈だった。関係者全員が信じられないほど必死に働いた。それは私の学習曲線にも言えることだった。私も少し手伝って、ファーがどうにかスポンサーを確保すると、今度はオーディションに移った。番組への出演を希望して、五万人以上がアジアのあちこちから応募してきていた。応募書類を一〇〇人程度まで絞り、最終選考には三〇人が進んだ。第一シーズンで私の前に現れた一二人は、国籍も能力も程よいバランスになっていた。ボードルームで対話する以外、誰とも何の関わりも持たなかった。これも、私にとっては難しいことだった。私は人の話を聞き、お互いを良く知るということが、とても好きだったから。よそよそしくするのは滅多にないことで、ボードルームでその分を取り戻そうとした。番組のほかのプレゼンターたちがやったことのないやり方で、何人かの候補者と信頼を築くことで。ちょっといけ好かないやつになること――それが与えられた役割だ――はどうしてもあったが、私はその役割をそんなに楽しんでいなかった。

　ひとつ魅力的だと思ったのは、特に初めのほうのエピソードの中で、責任の取り方にアジア人の文化が表れたことだ。イギリス版やアメリカ版では、出演者たちは喜んでライバルと刺し違え、屍を踏み越えて、我こそは最高の候補者だと自信満々な態度を取っていた。「アプレンティス・アジア」の最初の四つのエピソードでは、チームリーダーとして課題に失敗した責任を取って、ふたりが自ら辞めてしまった。エピソード4になると、私はボードルームでこう言わざるを得なかった。「これ以上、腰抜けはいらない」。ニングクという候補者が、クビになるより自ら辞めようと手を挙げそうに見えたのだ。結局、ニングクは辞めたがっていたから、私は彼女をクビにしたが、もしも彼女が目標のために戦っていたら、別の人間をクビにしていたかもしれない。シーズンが進んでいくと、みんながどんなに勝ちたがっているか、次第にはっきりしてきたので、クビにするのがどんどんつらくなった。

もうひとつの文化に関する重要な違いは、負けたほうのチームリーダーが、クビをかけた最後の面談の席に、弱いメンバーではなく、たいていは強いメンバーを連れて戻ってくることだ。つまり、私は決断に迷うことがほとんどなくなる。立派な仕事ぶりを見せたメンバーをクビにするつもりはないので、ほとんど決まって負けたチームのリーダーをクビにするしかなかった。エピソード6には、私はもううんざりしていたので、負けたチームのリーダーであるジョナサンに向かって、間違った候補者をボードルームに連れてきたら、その選択を却下すると言った。

番組のドラマチックな展開としてはありがたいことに、エピソードが進行するにつれて、候補者たちはだんだん強く、目的にひたむきになっていった。非情になったというわけじゃないが、立ち直るのが早くなった。起業家になるなら、そうでなくちゃならない。そもそも、私がこの役割を引き受けたのは、これも理由のひとつだった。私はアジア中の人たちが起業に踏み切れるよう、励ましたいと思っているが、成功するには、失敗しても頭を切り替えて、すぐ立ち直り、問題に突き当たったら解決策を探さなければならない。そして夢を信じているのなら、諦めずやり通すしかない。

エアアジアには、ある仕事から始めたものの、決して諦めなかったおかげでいまは夢をかなえているスタッフが大勢いて、私はそういう資質を高く賞賛している。中でも特に感動したのは、八歳の頃からパイロットになりたかったというクーガン・タンギスランの物語だ。学校を出た後、クーガンの家族はパイロット養成コースの学費を払うことができなかったので、彼はホスピタリティ・マネージメントの勉強をして、ホテルに勤めた。二〇〇六年に、チャンスが訪れた。エアアジアでバイク便の配達人の求人があり、部署間の移動が認められている会社だと聞いたことがあったので、クーガンは応募し、採用された。

七年の歳月と一一回の挑戦を経て、二〇一三年にクーガンはついに試験に合格し、アジア・パシフィック・フライト・トレーニング・プログラムに入学を認められた。そこで一五カ月間勉強した後、エアアジアのフライト・アカデミーに移って、半年間の集中訓練を受けた。そして二〇一五年六月、副操縦士の資格を認められた。私はクーガンが誇らしくてたまらなかった。卒業式に、新たに資格を取得した客室乗務員、パイロット、エンジニア、地上スタッフ、そして彼らの家族の前で、決して諦めなければどんなことが成し遂げられるのか、その輝くお手本として、私はクーガンの話を引き合いに出した。

「ぼくが深く心を動かされた、ひとりの青年がここにいる。彼はパイロットになることを夢見ていた。入学試験に合格するまで一一回かかったけど、彼は決して諦めず、ぼくも彼が諦めることを決して許さなかった。ぼくはこう言いつづけた。『腰抜けはいらない。求めるのは、自分の能力を信じ、飛び出していって、最善を尽くす人間だ』と。この一四年間、ぼくはエアアジアで数々のすばらしい物語を見聞きしてきたけれど、クーガンのような若者を見ることほど、誇らしいことはない。くじけることなく、バイク便の配達人から、副操縦士になってみせた。すばらしいよ。きみを心の底から誇りに思う。きみはマレーシアに、残りの世界に、強い意志と不屈の精神があれば、どんなことでも成し遂げられるのだと、示して見せたのだから。きみたちみんながクーガンを少し見習って最善を尽くし、夢を生き、決して諦めないでいてくれることを願っている」

私は話しながら泣いていた。私は毎日、クーガンの物語に本当に励まされていて、「アプレンティス・アジア」の候補者たちにも、この見識をいくらか伝えたいと思っていた。諦めるのは簡単すぎる。でも、何かを手に入れたいなら、どうしても忘れられない夢があるなら、粘り強く続けることだ。

このシリーズの製作は楽しかった。製作側の視点から見ても、個人的な視点から見ても、興味をそそられた。候補者の野心、生き残りを賭けた競争、勝ち抜くのは誰なのか、見ていてとてもわくわくした。視聴者と同じぐらい、私もその過程に心をわしづかみにされた。

候補者が成長していくのを見ると、立ち直る力、自分を信じること、意志の強さの大切さが、歴然とするようだった。アジアでもっと多くの起業家が新規事業を立ち上げて、問題にぶち当たってもくじけず突き進んでくれるのであれば、この番組を製作した価値があったと言えるだろう。最後には「ＣＳＩ：科学捜査班」と同じぐらいの高視聴率を記録したので、たくさんの人にメッセージが届いたことを願っている。

これを書いているいま、第二シーズンの話が来ている。是非やりたいし、起業家になるためには何が必要なのか、東南アジア地域の意識を成長させる助けになりたい。テレビについて言うなら、私は仕事を引退するときが来たら、トークショーをやってみたいと思っている。ご期待のほどを。

第14章 Now Everyone Can Fly（誰もが空を飛べる時代）

BGM：「マイ・ウェイ」　カルヴィン・ハリス

私は幸せ者だ。四〇年前にタック・ボックスに貼りつけた夢が、日々の現実になっているのだから。

強い意志と回復力で過ごしてきた三〇年間、悲劇と失望から立ち直り、少しの幸運も加わって――後悔のない人生になっている。明日の朝、バスに轢かれることになっているとしても、私は何ひとつ変えるつもりはない――人生に訪れたどんなチャンスも逃さず掴み、最大限に活かしてきた。もしもフラビオ・ブリアトーレの話を真剣に受け止めていなかったら、QPRを手に入れることはなかった。デジ・マホーニーの話を笑い飛ばしていたら、F1の三シーズンを過ごすことも、ケータハム・カーズを発展させるのを楽しみにすることもなかっただろう。そして、テレビでステリオスを観たとき、自分の声に耳を傾けていなかったら、エアアジアを設立し、数千人のオールスターたちと毎日顔を合わせて一緒に働くという特権を手に入れていなかっただろう。もちろん、報酬も与えられてきた。金銭的なものだけではなく、イギリス、フランス、マレーシア政府から、名誉と称号も。これらの賞に感謝し、誇りにしている――受け取るだけの価値が自分にあるとは、到底信じられなくても。

誰かと共に分かち合えるのも嬉しかった。二〇一一年にCBE（大英帝国勲爵士）を授与されたときは、両親はすでに他界していたので、娘と、母さんの姉と、古くからの学友のチャーリー・ハントの母親に連絡して、授与式に招待した。私はイギリス国籍じゃないので、マレーシア大使館で授与されるはずだった。しかし、当時バッキンガム宮殿から徒歩一五分ほどのチェスター・スクエアに住んでいたため、二〇一一年三月三一日、私はバッキンガム宮殿で勲章を授与されるという栄誉に預かった。女王が病気だったので、アン王女から授与された。私は共和主義者なので、こういう勲章を受け取るのは言行不一致になるが、祝典は心から楽しんだ――それに、このことでマレーシアという国がもっと知られるようになれば、悪いことだとは思えない。

二〇一三年にはフランス政府からレジオン・ドヌール勲章を授与された。授与式を切り回した当時の大統領フランソワ・オランドが、私たち六人に勲章を授けた。スーツ姿でそこに座り、そわそわとあたりを見回していると、オランド大統領は第二次世界大戦中にナチスからユダヤ人を救った女性への表彰文を読み上げはじめた。その女性も同じ日に勲章を授けられていた。そのとき、私は思った。「ばつが悪いな——彼女と比べたら、ぼくが何を成し遂げたっていうんだ?」と。オランド大統領が私の功績に関する記述を読みはじめても、私は頭を垂れていた。けれど、信じられなかった。私がアジアの旅行をどんなに変えたか、F1とエアアジアでの働きがいかにフランス人のために多くの仕事を生み出し、航空業界と自動車業界に大量の雇用をもたらしたかということについて、大統領は説明した。私はまっすぐ顔を上げられる気がした。

事業を始めて運営することについて、私は何を学んできているだろうか? これは過去形の疑問じゃない、私は毎日何かを学んでいるのだから。しかし、こう尋ねられるとき、私は仕事に対するアプローチの基本を説明するのに、音楽業界のことを引き合いにしている。いちばんの基本にある哲学は、売り上げ(収入)を最大限に増やし、コストを最小限に減らし、純益を最大限に増やし、健全なバランスシートを作成することだ。私にとって、バランスシートはキャッシュがすべてだ。会計士はいくらでも好きなように数字を見せかけられるが、キャッシュは嘘をつかない。これらは財政的な基本だ。

ビジネスの基本は、四つの点に要約される。

1. 良い商品を扱うこと——販売しているものが、ウィジェットでもドラムでも服でも、人が欲しがる製品でなければならない。それに、ジャガーであろうと、プロトン/ヒュンダイであろうと、ザ・リッツ・カールトンであろうと、チューン・ホテルズであろうと、人が実際に支払おうという気になる価格でなければならない。音楽でたとえると、いちばん大事なものは何か？　曲だ。世界一の歌手がいたとしても、曲がひどければ、聞いてもらえないだろう。私はシンガーソングライターと契約することを常に好んでいた。彼らは自分の運命をコントロールできるから。音楽史を調べてみれば、息の長いバンドや歌手というものは、自分たちで曲を書いている。すばらしい曲と良い歌手がいるなら、申し分ない。それが売るべき商品だ。私の商品は、フレンドリーなサービスのＬＣＣだ。ほかのどの航空会社も就航していない目的地への低価格な航空券、付加サービスなしで一日に可能な限り多く飛ばすこと、人がいらないと思うものについて代金を請求しないこと。

この話をすると、価格や売り込みなどについて訊かれるが、私にとっては価格こそが商品だ。高級な航空会社であろうと、ＬＣＣであろうと。目下のところ、シンガポール航空はあまりにも色々なことを試そうとしすぎていて、そのせいで苦境に陥っている。エアアジアでは、シンプルなメッセージがひとつあるだけで、私たちはそこにすべての労力を注いでいる。明快なメッセージを持つことは、わかりやすい明快な商品を扱っているということだ。

2．すばらしい商品ができたら、人々にそのことを知ってもらう必要がある――世界一の商品があっても、誰にも知られなければ、それまでだ。すばらしいアーティストが歌うすばらしい曲があるレコード会社は、誰にもその曲を知ってもらえなければ、何の意味もない。マーケテイングが鍵になる。企業がマーケティングを忘れてしまうせいで、たくさんのすばらしいアイデアが失敗に終わっている。マーケティングとは何か？　看板や広告に金をかけるのももちろんそうだが、マーケティングで大きな部分を占めるのはＰＲだということを、多くの人が忘れている。そしていま、ＰＲはソーシャルメディアを通じて行われている。フェイスブックはエアアジアに一五万ドルを支払い、私たちはそれを好きに遣えることになったが、チームはその金を私のソーシャルメディアのアカウントに遣うことを決めた。これを書いている時点で、私はツイッターに一四五万人、フェイスブックに五〇万人、始めたばかりのインスタグラムに一〇万人のフォロワーがいる。エアアジア、ＱＰＲ、ケータハム、そのほかの言いたいことのあるビジネスについて、私は毎日何百万人もの相手にコメントを届けている。ＰＲがもたらす効果は、いつも過小評価されている。エアアジアに資金がなかったとき、私はいつだってメディアの前に出て、記事の見出しになっていた。赤いベースボールキャップをかぶり、エアアジアのブランドをばっちりアピールしながら。今日のエアアジアがあるのは、マーケティングよりもＰＲによるところが大きい。私がメディアに向かって話をしたことにしても、Ｆ１でリチャードと賭けをしたことにしても。

航空会社はマーケティングにあまり力を入れないものだが、もしやるとしても、そのメッセージはばかばかしいものであることが多い。エアアジアで常に私が集中しているのは価格のことで、空想的な蝶のグラフィックスなんかじゃ何も伝わってこない。大事なひとつのメッセージ以外のことをごちゃごちゃ言って、市場を惑わせてどうするというのか？　エアアジアでも確かに食事について言及することはあるが、そういうものについて、私は派生的なブランドを創り出してきている。例えば、エアアジアで提供している料理は、サンタンというブランド名を付けてあり、クアラルンプールにサンタンのレストランを近日オープンする予定だ。機内のワイファイはロッキroKKiと言って、こちらも別のブランドとして販売を促進している。こうすることの利点は、エアアジアのブランドは〝低料金にフレンドリーなサービス〟のままで、エアアジアと関係のある別のブランドはそれぞれ独自のメッセージを打ち出す余地があることだ。

3．流通は考慮すべき第三の要素だ。商品を知ってもらったら、簡単に購入できるようにしておかなければならない。エアアジアにとって、流通はウェブが担っている。音楽会社の流通は、レコードショップのCDやカセットテープから、オンラインへ発展してきている。私がワーナーを辞めた理由のひとつは、この新しい流通経路を受け入れることの重要性を、業界が理解していなかったからだ。音楽ビジネスはその傲慢さのせいで苦境に陥った。

4．パズルの最後のピースは、実行することだ。アイデアはすばらしく、話はわかりやすくても、結果がすべてだ。計画の実行において、ライアンエアーほど見事な会社は見たことがない。ヨーロッパの市場は政府の介入や管理を受けることがずっと少なく自由なので、私たちみたいな制約は受けずに済んでいたが、ライアンエアーはビジネスのある観点で私がお手本にしている会社だ（それでも、私たちのほうが優れている点はある――何といっても、多くの点でライアンエアーより優れたやり方をしていなければ、九年連続で「ワールド・ベスト・ローコスト・エアライン」を受賞できるはずがないのだから！）。

実行することは、人間とプロセスに行き着く。エアアジアで私たちが集中していることのひとつに、〝付属品〟があり、基本的にはフライトそのものや荷物には何の関係もない、機内やオンラインで販売する商品だ。免税品、食べ物、ギフトなど。エアアジアが成功した理由のひとつは、シンプルであること、煩雑な書類手続きがないことだ。会社が大きくなるにつれて、ややこしい手続きが膨れ上がっていき、巨大な木々と鋭いとげのあるディズニーの森のようになってきている。最近、私は〝お役所仕事を襲う鬼〟に変身して、これ以上木やとげが育つのを防ぎ、見かけたらできるだけ引っこ抜いている。実行にはスピーディーさと集中することが求められ、それにふさわしい人材が常に必要だ。成功の九〇パーセントは実行できるかにある。

あまりに多くの優れたアイデアが、実行の仕方がまずくて世に出ないままに終わっている。素早く動かなければ、アイデアが死んでしまう。もちろん、焦って動いて失敗しても問題だから、ちょうどいいバランスというものがある。だけど、素早く判断したほうが良いと私は思っているし、分析による停滞は避けたい。私たちはスプレッドシートに駆り立てられ過ぎている。設立当初、フライト業務でも、地上業務でも、収入をどう運用するかについても、素早く動くことにエアアジアの生き残りがかかっていたのだ。

これらがビジネスを起こし、創り出すことの基本であり、すべてを満たせば成功するはずだ。ひとつでも欠けていたら、失敗する。そのときは、立て直してもう一度やり直すしかない。昨今では、粘り強さと決断力という美点が甘く見られている。近道しようとするミュージシャンやサッカー選手を見てきたが、近道などというものはない——本当だ。偉大なアーティストやアスリートは、誰よりも熱心に働いている。近道は失敗へ続く道だ。

この一〇年で学んだもうひとつの大事な教訓は、私は才能に惑わされやすいということだ。サッカー選手やミュージシャンの能力や、パフォーマンスで見る者に感動を与える姿に、頭がぼうっとなってしまうのは簡単だが、それは危険なことでもある。ゆったり座ってタレントショーを楽しむのはいいが、華やかさには欠けても並外れた努力をしている選手のほうが、価値がある場合が多いのだということを忘れてはならない。

エアアジアの成長は、人材、社風、シンプルなメッセージ、ブランドのおかげである。それらすべてに加えて、パートナーシップも重要だ。数百件の契約を結んでもいいが、しっかりした関係が築けていなければ、事業を成長させることはできないだろう。

航空会社は真空の中に存在するわけじゃない。地面から飛び立つために、製造業者、納入業者、金融業者に頼っている。エアアジアも同じだ——私たちの成功の一部は、長年のパートナー、エアバス、ゼネラル・エレクトリック、クレディスイスのおかげだ。

彼らは良いときも悪いときも共にあった。エアバスとGEは、私たちがオイルヘッジで巨額の資金を失い、彼らに支払った金をいくらか返してもらうしかなかったときも、じっと待っていてくれた。エアアジアの株が市場で空売りされていたとき、クレディスイスは私たちを見捨てなかった。

同じように、彼らに必要とされたときには、私たちも力になった。数年前、エアバスがエアバスA320neoモデルに、ふたつのエンジン（GEかプラット・アンド・ホイットニーのもの）のどちらかを選べるというオプションを付けたとき、誰もGEのエンジンを注文しなかった。GEはいつも期待に応えてくれていたから、私は信頼していた。実際、GEのエンジンのほうがプラット・アンド・ホイットニーのものよりずっと性能が良いことが証明されているので、私の目に狂いはなかった。誰もGEのLEAP-Xエンジンを買いたがらなかったとき、私たちはそちらを支援し、エアバスがA320neoを展開し、販売促進するのにも協力した。私たちが主要な契約を結ぶときは、いつもクレディスイスが付いていてくれたし、私たちも彼らが新規公開株の取り扱いができるよう協力した。

エアバスグループの最高責任者、トム・エンダーズや、エアバスの最高執行責任者、ジョン・リーヒー、CEOに昇格していまではGEの取締役会長を務めるジェフ・イメルト、クレディスイス・アジア・パシフィック最高責任者のヘルマン・シトハンなどには、エアアジアが成功を収めるために、大いに助けられている。

トム・エンダーズは、政治的な起源を持つエアバスを、今日あるような〝普通の会社〟――彼の言葉を借りれば――に転換させた立役者だ。隠し立てのない謙虚な人物でもあり、私たちが望むような飛行機のデザイン変更に力を貸してくれた。ジョン・リーヒーは売り込みの天才であり、彼の監視下でエアバスはボーイングとの発注数の差を驚異的に縮めてきている。エアアジアによる大量発注も、エアバスに対する私たちの揺るがぬ信頼も、彼のおかげである。

ジェフ・イメルトは私たちが正しいエンジンの契約を結べるよう助けてくれた。私たちは望み通りのエンジン契約を取り付けられずにいたのだが、たまたまジェフがその頃アジアにいて、交渉の場に人を寄越してくれたのだ。手短に説明を聞くと、彼は契約にオーケーを出し、スタッフが本社にどう報告すれば良いのかと尋ねると、彼はこう答えた。「私が本社だ」

ヘルマン・シトハンは個性的な銀行家で、損益計算書だけを見るのではなく、人間を評価してくれる。彼がマレーシアのカントリーマネージャーから、同社のアジア地区で最も権威ある立場にまでなったことを、私は嬉しく思っている。

こういうパートナーシップにおいて、私は常に必死に取り組んできたので、何か問題が起きたときには、お互いに助け合うことができている。ビジネスでは消えつつある概念だが、エアアジアの帳簿の中では、誠実さが重んじられている。私の成功の多くは、トム、ジョン、ジェフ、ヘルマンのような、周りにいてくれるすばらしい人々のおかげだ。そして何より大切なことだが、私と同じくスタッフを信じてくれているすべての人のおかげだ。こういう人たちがそばに控えていてくれたら、どんな航空会社も成功できるだろう。アジアの低コスト旅行という夢を実現させたことについて、彼らはエアアジアの創業者たちと同じぐらい評価されていい。

時間をかけて、人はこうした組織の一部になっていく――物理的な話でも法的な話でもなく、人と人との距離が近づくのだ。彼らはただのビジネスパートナーではなく、友人になっている。私たちは共に祝い、共に過ごすことを楽しんでいる。

エアバスが良い例だ。いまではマーケティング・戦略担当の上席副社長を務めるキラン・ラオとは、二〇〇二年に知り合った。スタンステッド空港でコナー・マッカーシーと会ったときみたいに、会議室のテーブルを挟んだいかにも典型的な仕事の打ち合わせとは違っていた。私たちはシンガポール空港のベン&ジェリーズの売店で会ったのだ。当時エアバスは、LCCが大きく成長する可能性があることを認めていた――相変わらずアジア地区の大手国営航空会社にばかり目を向けていたボーイングとは違って。短いミーティングだったが、私たちはウマが合い、一緒に仕事ができそうだと思った――いまやエアアジアがエアバスから購入した飛行機の数が六〇〇機以上に上ることを思うと、控えめな表現になるけれど。

キランと彼のチームとの交渉はいつも一筋縄ではいかないが、どちらも会社の最終的な収益を気にかけていることは承知していて、お互いに納得のいく契約を結んでいる。その後は、パーティーの時間だ。二〇一一年のある火曜日の夜、私たちはパリのナイトクラブで大型の契約にサインすることになっていて(やっぱり会議室じゃない!)、私は最重要人物のジョン・リーヒーも含め、エアバスの上級役員全員に、立ち上がって踊るまでどの書類にもサインはしないと言った。ジヨンは生粋のクラブ・ファンではなかったが、ノリを楽しんで盛り上がった。私がサインを遅らせたかった本当の理由は、インド人（特にケーララ州の出身者）の多くが、火曜日に新しい冒険を始めるのは縁起が悪いと考えているからで、日付が変わるまで引っ張って、それからサインした。それまでのあいだ、あのビジネスマンたちがエアアジアの客室乗務員と一緒に踊っているのを眺めるのは、楽しかった。挙げ句の果てに、私は女性客室乗務員に頼んで、弁護士に提出することになっているこの法的書類にキスマークを付けてもらい、数百万ドルの契約の前金として、二〇ユーロを支払った。交渉が終わると、パーティーのはじまりだ！

仕事の仲間と〝社交上の〟友だちを区別する人もいるけれど、なぜそうする必要があるのか、私にはわからない。私は共に仕事をしている相手を、友だちだと思っている。もちろん、何か問題が起きたら、そのときは対処しなければならないが、たいていの場合、仕事をしていく中で争うことになった相手とも、いまでは友だちに戻っている。初めてジェイと知り合ったとき、私たちはお互いを嫌っていたが、一緒に働くうちに、ブロマンス〔とくに気が合う男友だち〕にも近いほどの友情が生まれた。ルーベン・グナナリンガムはQPRでのすばらしいパートナーだ。QPRで何かが間違った方向に進んでいると感じるとき、ルーベンはそこにいてくれて、私たちはお互いを支え合っている。ディンはビジネスパートナーというよりは、兄弟みたいだ。私たちはまったく違うのに、家族みたいにお互いのことを理解している。

ここに至るまでに、個人的な犠牲も払ってきた。私の仕事とライフスタイルは、結婚生活の破綻をもたらし、重い代償を払うことになった。けれど、子どもたちには時間と愛情をたっぷり注ぎ、彼らからはたくさんの幸せをもらっている。過去一〇年以上にわたって、私は自由な時間があるときはいつも、ステファニーとスティーブンと過ごしている。中等学校に入る年になると、ステフはエプソム・カレッジに入学し、健やかに成長した。会えないのが寂しくて、私は金曜の夜にはたびたびマレーシアからロンドンに飛び、週末を娘と一緒に過ごし、日曜の夜に帰国していた。慌ただしかったが、私たちは最高の週末を過ごした。時々、ステフはホッケーの試合に出ていたので、私は喜んでついて行き、娘をサポートした。そして、父さんが私に決してしなかったことをした。娘が良いプレーをしたら、褒めたのだ。

二〇一五年六月二五日、私はロンドンの自宅から車でダラムへ向かい、ステフのダラム大学の卒業式に出席した。楽しむことと勉強に励むことのバランスを保ってきた娘の三年間は――私には決して成し遂げられなかったことだ――、この特別な日をもって終わりを迎えることになった。大学の副総長がステフの名前を呼び、その声がダラム大聖堂の神聖なアーチに響きわたると、喉を締めつけられるようで、ますます呼吸が荒くなってきた。娘が登壇するのを見て、私は涙を流した。いまでも私がロンドンにいるときは、〝お出かけ〟の時間を作り、ステフが学生だった頃と同じことをしている。映画を観たり、ディナーに出かけたり、ショッピングに行ったり。いまやステフは成功しつつあり、私たちはスケジュールが許す限り、できるだけ一緒に過ごしている。

私は息子のスティーブンからも大きな影響を受けているが、その方法はまったく違っている。息子は自分が何をしたいか、それをどうやって達成したいか、とてもはっきり分かっていることに、私は驚かされている。スティーブンはエプソムで一年間を過ごしたが、二年間ほどクアラルンプールに帰って、もっとマレーシアを経験したいと言った。いまはAレベル試験を受けるため、イギリスに戻ろうとしている――そして、親の影響も助けも受けずに、自分で決断して、自分で申請していた。息子はアメリカの大学に行くか、イギリスか、あるいは日本にするか、検討中だ。人生をどんなふうに生きられるか、そして世界に対しても、スティーブンは広い視野を持っている。

一二歳の頃、スティーブンは私をコンピューター・ゲームにのめり込ませた。人工知能（AI）、ビットコイン、eスポーツのスポンサーをすることについて、考えてみるべきだと教えてくれたのも息子だ――ビジネスの可能性があるまったく新しい世界を見せて。これらは機械学習の利益拡大や、データを利用したエアアジアの運営を推し進めることにも繋がっていく。この分野で取り組んでいることの多くは、スティーブンのおかげで思いついた。

息子がビデオゲームばかりするのは気に入らなかったが、才能があったので、伸ばせるよう放っておいた。結局、ある日ゲームをやめて、代わりにワークアウトに取り組み、身体を鍛えはじめた。息子は自己改善について教えてくれて、私は彼から多くを学び、それは親として最高の気分だった。これは、私が絶えずスタッフに言い聞かせていることの証明にもなっている。誰からでも、何歳からでも学べるのだから、いつだって話を聞いてみる価値はある、ということの。私はいつまでも新しいことを学びつづけ、それをエアアジアという会社の社風にとって重要な要素として、奨励していきたい。

スティーブンとステフのような子どもたちに恵まれて、私は幸運だ。妹のカリーナにもよく会う。彼女はチューン・グループで働き、子どもたちとも親しくしている。妹は私のインスピレーションの源だ。法律の学位を取得し、瑣末な仕事からスタートを切ったが、熱心な働きぶりと能力の高さによって、ポジションを上げた。

私は人づき合いが大好きだ。いまは滅多に酒は飲まないが、友人たちと過ごして、笑い合うのが大好きだ。人生は楽しむためにあり、新しい経験に飛び込んでみれば、楽しみはさらに増える。いまでも音楽は大切なものだ。あまり作曲はできていないが、カルヴィン・ハリスやキッド・インク、ファレル・ウィリアムスあたりのアーティストの曲をよく聴いている。スティーリー・ダン、キャロル・キング、リッキー・リー・ジョーンズの曲もプレーリストからは外せない。テクノロジーにはわくわくさせられる。データは新しい時代の石油であり、スティーブンのおかげで、私は新しいアプリや技術革新に遅れずについて行けている。ここ一〇年ほど、携帯電話は私の五本目の手足になっている。そして仕事、友人、スタッフとの繋がりを絶やさずにいる。私はソーシャルメディア経由で新しい繋がりをつくるのが大好きだ。誰もが語るべき物語を持っているのだから。

いまでも朝になるとベッドから起き上がることができるのは、ビジネスにチャレンジしているからだ。F1であれ、航空会社の設立であれ、新しい投資対象を探すのであれ、やるべきことは必ずある。成功しなくても、学ぶことはできる。大事なのは、やってみることだ。

後悔はひとつもないが、もっとうまくできたはずのことは確かにある――特にQPRとロータス／ケータハムでは。そう、確かに私たちは間違いを犯した。F1での問題は、時間が全然ないのに、チームをゼロから作ろうとしたことだ。数カ月という期間で、新しいF1カーのように複雑なものを製図の段階から造ろうとすれば、莫大な費用がかかった。それに、チーム運営のコストについて、私たちは話で聞いたとおりの金額だと信じていた。実際は、その二倍もかかった。でも、悪いことばかりではなく、良いこともあり、すばらしい人たちと出会うことができて、F1でできた人脈からすべての事業が恩恵を受けている。

私は五三歳になった〔二〇一七年〕。これまで充実した人生を送ってきた。この頃は、適度なバランスを追求していて、いまの状態はちょうど良さそうだ。私はやり過ぎるタイプで、何でも限界までやってきたけど、人生には休息も必要だと気づきはじめている。毎日、一日中、一〇〇パーセントの力で走りつづけることはできないし、成功の恩恵を楽しむ前に死んでしまう。自分は無敵で、悪いことなんか起きないと思っているかもしれないが、人生は別のメッセージを伝えてくる。休みを取るのは重要なことなのだ。

ここ数年、私は自分の健康状態について、前よりずっと多くのことを知った（ステファニーに勧められた）。それまでは、健康とはとても言えない状態だった。太りすぎなのは変わらないが、いまでは私たちが食べるものの多くについて、どんな有害な影響があるかを理解している。砂糖は何にでも入っているが、器官を荒らす働きがある。最近エアアジアで推進していることは、自分の体内に取り込んでいるものについて、みんなに意識させることだ。私もかなり気を付けるようにしている。人間の身体は車みたいなものだ。手入れをしておかないと、きちんとケアした場合よりもずっと早く劣化してしまうだろう。諦めてしまう人もいるが、遅すぎるということは絶対にない。昨年は一年間、パーソナルトレーナーの指導を受けていて、まるで生まれ変わったみたいな感じがしている。いまはわかっていることを前から知っていたら、いろいろなことがもっと簡単にできていただろうけど、人生はバランスが大切だ。仕事と健康とリラックスする時間を適度に取れれば、物事をさらに楽しめるだろう。

いままでとは違うものの見方をするようになったのは、私の人生の新しいパートナーであるクロエの影響が大きい。彼女とは付き合って二年になる。クロエは安定をもたらしてくれて、彼女のおかげで人生を見直し、再投資する気になったのだ。

ワーナーにいた頃のボス、スティーブン・シュリンプトンに、こんなことを言われたことがある。「きみは台風だな、トニー。落ち着くんだ。時速一〇〇マイルで走る必要はない。向こうから、きみのもとへやってくるさ」

いまのところ、確かに物事は向こうから私のもとへや﹅っ﹅て﹅来ている﹅気がする。これから先のことだと、正真正銘の東南アジアの航空会社を創り出すことへの強力な後押しとして、エアアジアをただの航空会社以上のものに変えることが、私の計画の中心を占めている。アジアにもEUスタイルの貿易圏——ASEAN（東南アジア諸国連合）——が必要だと、私はずっと信じてきた。この考えは、自由市場に対する私の信念に基づいている。貿易に壁があってはならないのだ。

私がエアアジアでこのアイデアを推し進めているときに、ちょうどEUが分裂しはじめたのは、皮肉なものだ。ヨーロッパを分断するのは間違いだ——とんでもなく愚かなことだ。緊張感が高まっていった理由はわかる。彼らは第二次世界大戦の残骸から、ナチスのような現象がまた起こるのを止めたくて、欧州議会、統一通貨、やがて自らの首を絞めることになる巨大な官僚政治を作り出していた。そうじゃなくて、中間の方法があったはずだ——何もかもを標準化することはできないが、多少の愛国意識には何の害もない。アイルランド人はイングランド人を悩ませ、イングランド人はフランス人を悩ませ、そんな連鎖が続いていく。ビジネスの観点からすると、ヨーロッパ統一通貨は正しい一歩だった。貿易が盛んになり、リスクも減る。が、履行に踏み切るには詰めが甘かった——各国は、EUの一員になるための権利を勝ち取るべきだったのだ。貿易の流れとGNP（国民総生産）がアンバランスなら、タイプのバラバラな経済事情にあっては、問題を引き起こす。だから、私ならそこを横並びにしていただろう。このモデルをASEANの状況に移すとしたら、ラオスとシンガポールで同じ通貨が流通することになるが、それはうまくいかないだろう。だけど、マレーシア、タイ、インドネシアがひとつの通貨になるのなら、こちらは完全に理にかなっている。

音楽業界にいた初めの頃、私は東南アジアを市場として攻めていた。「六億人に音楽を売れるのなら、やってみるべきだ」。エアアジアについては、こう言った。「なるほど、まだ誰もこっちを見ていない。私はＡＳＥＡＮの航空会社を創ってみせる」。だからエアアジアはこんなに大きくなっている。国営航空を別にすれば、中国のどんな航空会社よりも大きい。エアアジアはその網羅している範囲のおかげで、アジアで四番目に大きい航空会社だ。マレーシア国内だけなら、飛行機を二〇〇機所有する航空会社は絶対に創れなかっただろう。

東南アジアはいまだにヨーロッパには遠く及ばないが、私たちはＡＳＥＡＮブランド——おそらく、世界的に認知されている唯一のブランド——を確立し、私は「ワン・エアアジア」と共に築き上げていくつもりだ。

チューンも、集中して取り組むべきもののリストに並んでいる、もうひとつの目標だ。私はまだチューンに必要なエネルギーを注げずにいる。コーポレート・ガバナンスを透明にするため、私たちはすべての関連会社（チューン・プロテクト、チューン・トーク、ビッグペイ）をエアアジアに組み込んで整理しようとしている。すべてをひとつにまとめたら、強力なコンセプトを持つチューン・ホテルズに取りかかるのが楽しみだ。そうこうするうちに、チューン・プロテクトは次の大手ネット保険会社になれるかもしれない。こうやってひとつに繋がれば、それぞれの会社はポテンシャルを最大限に引き出すことができるだろう。

エアアジアの中で、私が誇りに思い、もっと時間を費やしたいと願っているものを、私たちは創り出した。エアアジア・ファンデーション（ファンド）だ。元エアアジアの同僚ムン・チンと、二〇一二年に立ち上げた。

ムン・チンと初めて会ったのは二〇〇三年で、彼女は「マレーシア・キニ」というオンラインニュースサイトのレポーターだった。ムン・チンは、私とシンガポール政府との就航路を巡る戦いのことで取材に来たのだ。小さな航空会社のオーナーである私が腹を立てて、シンガポール政府に戦いを挑むという構図に、彼女は興味をそそられていた。一緒に働こうと私は誘い、ムン・チンは四年間、エアアジアのルート・プランニング部門を率いた（何の経験もなかったが、彼女には光るものが見て取れた）。ムン・チンは勉強を続けるために退社した。彼女は数年後にマレーシアに戻ってくると、私に会いに来て、ソーシャル・エンタープライズ social enterprise 社会事業を立ち上げているのだと話してくれた。

私はすぐ話に飛びついた――社会事業には前々から興味があったのだが、取りかかるタイミングが見つからずにいたのだ。私はそれをエアアジアの一部にすれば良いのではないかと思いついた。大津波の恐怖やフィリピンの台風があったばかりの時期だった。ムン・チンは当初、エアアジア・ファンデーションの枠組み作りを手伝って、それから自分の社会事業に着手するつもりだった（私の資金をいくらか元手にして）。じっくり考えているうちに、私の野心は大きくなっていった。やるならちゃんとやりたかった――アジアを襲った悲劇がそれを必要としていた。そこで、私たちは基金を設立し、五年たってもムン・チンが運営を続けている。

エアアジアは補助金を支給し、それをファンドが割り当てる。私は講演料もすべて同基金に寄付している。最近になって、エアアジアのコマーシャル部門がクアラルンプール国際空港ターミナルビルの販売スペースを勧められ、それをファンドに譲り渡した。店には社会事業から集められた商品が並び、売り上げはすべてファンドが受け取っている。

もともとのアイデアは、慈善事業にただ寄付するのではなく、お金を集めて持続可能な社会事業の力になるというものだった。だから補助金を支払いはじめ、うまくいきそうに思えた。小さな社会事業の多くは、初めのうちはお金があっても、途中でまったく寄付が来なくなり、二年もすれば消えてしまう。社会事業を支援する多数の人々は、寄付金に対して四パーセントか六パーセントの還付金を要求している。私たちはそういうことをするつもりはない。私たちがやろうとしているのは、資金を提供するだけじゃなく、マーケティングとブランディングでも力になろうということだ（彼らがやろうとするのは、フェイスブックに何か投稿するぐらいで、それでは不十分だ）。

私たちが支援している事業は、地元の小規模な職人たちが多く、ソーシャルメディアを利用した現代の売り込みテクニックでは、目に触れる機会が少ない。ムン・チンと彼女のチームが間に入れば、こうした職人が商品をより効果的に販売できるよう、コミュニティに本当の変化をもたらすことができる。私もできるときはいつも喜んで参加した。だから、「アプレンティス・アジア」の話をもらったとき、ファンドのためのチャリティ・イベントを準備し、私たちが投資している大義について知ってもらうことができた。

私たちが投資している社会事業の範囲は、どんどん広がっていっている。現在までのところ、二〇の事業を支援していて、再生可能エネルギープロジェクトからコーヒー農園、観光事業までと幅広い。理想は常に変わらず、現金を投入することよりも、これらの取り組みに効果的な変化をもたらすことだ。

例えば、一九九〇年代にマレーシアの景気の後退で職を失ったエンジニアの一団は、ボルネオに戻って人里離れた村のマイクロ水力発電タービンのプロジェクトに取り組みはじめた。こういう地域は全国高圧送電線網に繋がっていたことがなかったのだ。

エンジニアたちは新しい技術を導入しはじめ、村に発電タービンを取り付けた。設計プロセスはかなり基本的なもので――封筒の裏のスケッチだ――、そこでエアアジアのエンジニアが介入し、オートCADを含めもっと洗練されたエンジニアリング技術を彼らに教えた。私たちはこれを〝オールスターズ・ドゥー・グッド〟プログラムと銘打ち、ファンドのボランティアに参加するようスタッフを奨励した――みんなは空いた時間にしょっちゅう参加している。エアアジアは土曜のボランティア活動には手当を支払い、彼らはエンジニアリングセンターに出かけていって訓練をした。

技術を指導する人々を送り込み、エアアジアの専門技術を教えることで、本当の変化を起こすことができる。後々まで継続するから、私はこういうアプローチが大好きだ――エアアジアのエンジニアから教わった人々は、新しい知識を次のグループへ、さらに次へと受け継いでいくことができる。

職人の製品を作成している事業のためには、収益が上げられそうな販売経路がないか確認している。私の夢は、地元の特産品や製品を販売する機内販売をはじめることだ。機内販売の売り上げが、巨大な多国籍企業ではなく、地域に還元される、そんな販売環境ができれば最高だ。

ファンドは人的援助の面でも尽力していた。何年にもわたって、私たちは支援物資を山ほど運び、救援隊員を送り届け、荒廃した地域から何千人もの生存者を連れ出してきた。前にも言ったとおり、私たちはアチェの大津波災害にすばやく対応したが、それはほんの始まりに過ぎなかった。ネパールで二〇一五年に、この八〇年間で最悪の地震が起きたとき、私たちは駆けつけた。フィリピンでハイエン台風の被害を受けた地域の復興のため、大規模な寄付金集めをした。二〇〇万ドル以上の寄付が集まり、四〇〇〇トン分の支援物資を送り、五三二軒を再建し、一三三の店舗の営業再開を手伝った。驚異的な成果だった。ファンドは、私が是非もっと時間をかけたいと思っている社会事業のひとつだ。

私が五歳のとき、叔父さんが言った。いつの日か、おまえは立派な政治家になるだろう、と。その言葉は、ずっと私の心に残っている。

とはいえ、やることはまだ山積みだし、人生の次の段階にやろうとしている、いくつかのプロジェクトにもっと集中したい。最近私の心はふたつの大きな問題に向けられている。ひとつは自分の健康から思いついたこと、もうひとつはクアラルンプールにエプソム・カレッジ――海外初の分校だ――を設立するのを手伝った経験から思いついたことだ。

航空会社を見ると、ファーストクラス、ビジネスクラス、プレミアムエコノミー、エコノミークラスに分かれている。エアアジアはエコノミーしか扱っていない。残りはよそに任せている。国の医療制度を見ると、全員がじゅうぶんな看護を受けられないことに気づいた。けれど、個人負担医療はほとんどの人にとって、収入の範囲を超えていて手が届かない、ならば中間のものを何か考えてみる必要がある。私が見たところ、病院はすべてを自分たちでやろうとしているけれど、八〇パーセントの人々は、おそらく二〇パーセントに比べると症状が軽いのではないだろうか。より複雑な病気を患っている二〇パーセントの患者の治療を担当するのは専門医だが、病院で全員の治療を行うのは効率的ではない。私たちが病院を設立して（チューン・ホスピタルとか）、八〇パーセントの人々に対応するのだ。そうすれば、疾患の一〇〇パーセントに対応しなければならない国の医療制度よりもずっと効率的で、国にかかっているプレッシャーも多少は解消できるはずだ。

病院自体にも効率の悪い点があり、テクノロジーを活用して解決すれば、人間が担う役割はもっと柔軟な対応ができる。医療制度は内部からの声に反応して発展してきている。でも、私たちが航空事業でしたように、私たちが外から入っていければ、新しいアプローチを示し、患者から医師まで関係者みんなを手伝うことで、ネットワークを丸ごとぶっ壊して立て直すことができるかもしれない。

教育も似たようなものだ。大半の家庭にとって、私立教育は高額すぎるが、公立教育は全員に同じことを教えていて、その結果、大多数の役に立たない。ここでも八〇：二〇パーセントのルールで考えてみれば、新しいやり方では八〇パーセントのカリキュラムを必修にして、残りは手頃な価格の私立教育で提供する。私は違うモデルも追求して、私立教育を設立してみたいと考えている。長期的に見れば、公立教育の負担を軽くすることにもなるはずだ。

最近でも、私はさまざまなプロジェクトやアイデアを追求しつづけている。データとASEANへの集中、〝ワン・アジア〟を推進することは大きなチャレンジで、すっかりかかりっきりになっている。だけど、もう少し長い目でも物を見ている。私は最近、F1のレジェンド、ニコ・ロズベルグに会って、長いこと話し合った。

並外れたドライバーで、誠実でまっすぐな男だということ以外に、ニコから大きな刺激をもらう理由がもうひとつある。彼は絶頂期に引退したのだ。彼の見方はこうだ。自分には夢があり、それをかなえた。F1の世界でもっと多くのゴールを目指して走りつづけることもできたけど、ほかのこともやってみたいと思った。私はF1を引退するとニコから聞かされたとき、本当に驚いた。たいていのドライバーは、競争することの本能に駆り立てられて、いつまでも挑戦を続けるものだから。でもニコは、Ｆ１で頂点を極めて、もうじゅうぶんだと思ったのだ。望んでいたことを成し遂げて、てっぺんでお辞儀をして退場するつもりだった。〝あと一年だけ〟続けるという誘惑は、自滅のスパイラルだ。

優れたリーダーは退き際を知っている、と私は気づかされた。自分がいなくなった後も、会社、チーム、サービスが向上しつづけると気づいた時点でその場を去るのは、リーダーとして最も重要なことだ。私にそのときが近づいているというわけじゃないが、ディンと私はちょうどいいタイミングだと思うときはいつも、エアアジアの未来について慎重に考えるようになった。

レストランやクラブで私に気づいた人たちは、地味なのでショックを受ける。私はボディガードに囲まれてもいなければ、重そうなアクセサリーをジャラジャラ着けているわけでもない。それどころか、ホームレスみたいな服装をしていることを非難されたこともあるぐらいだ。私はお洒落に見せる必要はないと思っている。みんな見た目ばかりを気にしすぎだ。美しさは内面からにじみ出るものなのだ。

人との壁を作らないということは、立ち止まっておしゃべりをするということだ――相手が私を罵りたいだけじゃなければ。私には、壁の後ろに引っ込んでいる意味がわからない。私が成功してきた理由のひとつは、外に出て人に会い、相手が誰であろうと話をしてきたことにある。そうすれば、人生はずっと豊かになる。

だから、私はマレーシアで電車通勤をしている。誰にも気づかれずに済むことも多いが、もし誰かひとりが「トニー・フェルナンデスさん？」と言ったら、もう大騒ぎだ。電車中のみんながセルフィを撮りたがる。私は喜んで写真に写っている。自分のためでもあるし、子どもたちの良いお手本になれるから。

自分の言い分を主張すべく、マスコミの前で好戦的にふるまっている姿しか見たことがなく、私という人間を知らない人たちは、傲慢なやつだと思っているだろうけど、私は四〇年前にエプソム・カレッジに行ったときから変わっていない。譲れないことには情熱的になるが、そのことを謝るつもりは決してない。

大勢のCEOや成功した人々は、自社のプレスリリースを信じ、自らのルーツを決して思い出させることのない、おべっか使いに囲まれている。もう一度言うが、私にはそうすることの意味がわからないし、私という人間は金や名声で変わってはいない。意図して決めたことじゃなく、もともとの性格なのだろう。私は人間の良さは今日も明日も変わらないと考えながら生きている。つまり、名声をあてにしたり、過去の成功にすがりついたりしていても、前には進めない。成長しようと努力を続け、過ちから学び、夢をかなえるため必死にもがくしかないのだ。さらに言えば、自分の原点を決して忘れてはならない——どれだけ進歩してきたかを、それがいちばん良く思い出させてくれるから。人の噂でも、新聞記事でもなく。

私が一二歳のとき、将来きみは航空会社、Ｆ１チーム、イングランド・サッカークラブのオーナーになるよ、と言われていたら、私はこう言い返しただろう。「どんなクスリやってんの？　ぼくにも分けてよ」と。私はタック・ボックスに貼り付けていた夢をかなえたが、まだまだ挑戦することは山ほど残っている。成功するかもしれないし、失敗するかもしれない。もし失敗したら、成功するまでやり続けるだろう。私は諦めるということを知らないから。

それだから、私は高く飛ぶのだ。

謝辞

この本を書くことで、過去を振り返り、私の旅を形作ってくれた人たちの思い出にふけることができた。

まず、愛情深く私を鼓舞してくれる両親に恵まれたことに、心から感謝したい。二人は私に思いやりを教え、生きることへの情熱を染み込ませた。亡くなった父のスティーブンに。ジャズの巨匠を紹介し、負けそうなほうを応援することを教えてくれてありがとう。公共のために公衆衛生に献身的に取り組む姿勢から、平等であることが実現する世界を見たいという思いを私に植えつけた。長い道のりであることはわかっているけど、世界中のコミュニティに力を与えようと踏み出した小さな一歩は、正しい方向へ向かう一歩だと思いたい。

亡くなった母のエナに。私は母さんから勇気と起業家精神を譲り受けた。母さんのタッパーウエアのパーティーと、名ホステスぶりは伝説だ。私の最高のチアリーダーで、いつも励ましてくれて、母さんが行くところはどこでも光と活気があふれた。母さんが亡くなった日は、私の人生で最も暗い日だった。母さんが亡くなる前にそばにいられなかったこと、当時は航空料金が高すぎたせいで葬儀にさえ帰れなかったことを、今日になっても理解できずにいる。母さん、私はあのとき誓ったんだ。いつの日か、誰でも飛行機に乗れるようにしてみせるって。母さんに誇りに思ってもらえるといいな。いつも私を信じてくれてありがとう。

私は出会ったすべての人から、何かしら教えられている。同僚とも友だちとも呼べるすばらしい人たちと出会い、一緒に働けて、私は本当に幸運だ。最初に、ダトゥク・ディン、私にとっては〝ブロ〟（みんながきみを〝ダトゥク〟と呼んで、ぼくを〝トニー〟と呼ぶのか、どうしても理解できないよ――笑）。パートナー・友人・兄弟以上の存在でいてくれてありがとう。私たちの関係を表す言葉は見つからない。笑って、泣いて、でもいつも一緒で、いつもお互いの支えになってきた。RAPのレコード契約で、大金をせしめることで、私の人生に入ってきてくれてありがとう。ダトゥク・パハミン・ラジャブ、コナー・マッカーシー、ダト・アブドゥル・アジズ・ベイカー――きみたちがいなければ、エアアジアは夢でしかなかっただろう。ジェイ・ラザク、別名ナジルに。天敵から親友に、これこそが人生だ。色んな人に私たちは恋人だって思われてる、うちの娘も含めてね（笑）。私が生きてきて学んだことは、友だちがいなければ、人生は貧しくなるということだ。ジェイムス・テイラーとキャロル・キングも歌ってるだろ、「きみの友だち」ってね。私たちの関係だけで一冊の本が書けそうだ。さあどうなるか。いつかね。まだ書く章はたくさんある。

QPRの兄弟たちに。アミットとルーベン。何てスリリングなんだ！　いつも怒られる役を引き受けてくれて、寄り添っていてくれて、笑わせてくれて、支えと言葉と知恵をくれて、常にありのままのことを話してくれて、ありがとう。ルーベン、いつかリバプールをやっつけて楽しもう。

レス〝バン Bang〟ファーディナンドに――いつか卓球か何かで負かしてみせるから。現代サッカーの今日に正直でいてくれて、究極の紳士でいてくれてありがとう。イアン・ホロウェイにも、情熱と信念に感謝している。

いつも私を最優先して、正気を保たせてくれるラリッサ・ケリーに特別な感謝を。QPRのチームに。共に特別なものを築き上げよう。QPRのスタッフみんなに。いつもクラブを第一に考えてくれてありがとう。

QPRのサポーターに。そばについていて、チームを信じてくれて、ありがとう。わくわくするようなすごいことが始まるのは、これからだ。

ケータハムのファミリーに。次の本は、私たちの新しい車と、新生ケータハムのメーキングを描いた作品になるだろう。忍耐強く、団結してくれていて、ありがとう。

キアン・オンとカリに。ワン・マレーシアのファミリー。笑ったり、戦ったりしたけど、きみたちはいつもそこにいてくれた。きみたちがいなかったら、トニー・フェルナンデスが何だっていうんだ?

ジェフ・イメルト、マイク・ジョーンズ、トム・エンダーズ、キラン・ラオ、ジェロームとヘルマンに。昨今、ビジネスは無慈悲なものだが、ビジネスにとって大切なことは、誠実さに加えて友情だということを、私たち全員が示してみせた――良いときも悪いときも、私たちにはお互いが付いている。

マーティン・トスランドに。無計画な私の人生と仕事を把握し、見事にこの本の中に収めてくれた。すごいよ。きみには才能がある。賞賛と尊敬を。交渉に苦労させてすまなかった！

疲れを知らないアシスタントのジャッキー・チャンに。私の込み入ったスケジュールを、継ぎ目なく整えてくれてありがとう。

親愛なる妹のカリーナに、私の知る中で最高の弁護士だ。いつも私をいちばんに考えて、私のすることのすべてを気遣ってくれて、本当にありがとう。

アニーに。フェルナンデス・ファミリーのすべてに対して、助けになってくれてありがとう。きみは最高だ。

家族同然のエアアジア・オールスターのみんな、二万人全員に感謝を！　みんなの愛がなければ、私は今日ここにいなかっただろう。才能豊かで、勤勉で、献身的で、クリエイティブでいてくれてありがとう。きみたちを率いることができて、心から名誉に思う。

この本を製作し、アイデアの段階から出版までずっと見届けてくれた、マーカス・ライトとジョエル・リケットに感謝を。編集補佐のリディア・ヤディ、編集者、校正者、私の物語をひとつにまとめ、すばらしい仕事をしてくれたペンギンのチームみんなにも、お礼を言いたい。

クロエに。きみはさまざまなやり方で、私の人生を変えてくれた。奇跡は本当に起きるもので、きみは私の人生に起きた奇跡のひとつだよ。

最後に、世界中の夢見るすべての人に。この本が何かのきっかけになることを願ってる。私が伝えたいのは、シンプルなことだ――現実になる夢はある。恐れず夢を見よう。

■著者紹介

トニー・フェルナンデス（Tony Fernandes）

1964年にマレーシアで生まれ、エプソム・カレッジを卒業。リチャード・ブランソンと出会い音楽業界に進み、ヴァージン・コミュニケーションズとワーナーミュージックで経験を積む。2001年に１リンギットでエアアジアを買収し、アジア初の低コスト航空会社（LCC）として再出発させた。2017年現在はエアアジア・グループのCEOとクイーンズ・パーク・レンジャーズFCのチェアマンを務めている。リアリティ番組「アプレンティス・アジア」のホストでもある。

大英帝国勲爵士、マレーシア国王からタン・スリとダト・スリの称号、フランス政府からレジオンドドヌール勲章を授けられた。2010年にフォーブス・アジア版の「ビジネスマン・オブ・ザ・イヤー」に、2015年には米誌タイムの「世界で最も影響力のある100人」に選出。2016年、アーンスト＆ヤングの「アジア最優秀起業家賞」を受賞した。

エアアジア・グループCEO兼QPRチェアマンとして、トニーはマレーシアとロンドンを往復しながら暮らしている。

■協力：エアアジア・ジャパン株式会社

■訳者紹介

堀川 志野舞（ほりかわ・しのぶ）

横浜市立大学国際文化学部卒。英米文学翻訳家。訳書に『NASA式 最強の健康法』（ポプラ社）、『愛は戦渦を駆け抜けて』（KADOKAWA）、『マーク・トウェイン ショートセレクション 百万ポンド紙幣』（理論社）、『ハリー・ポッター シネマ・ピクチャーガイド』（静山社）など。

■翻訳協力：株式会社リベル

2018年10月２日　初版第１刷発行

ウィザードブックシリーズ㉖⑦

フライング・ハイ
――エアアジア、F1、プレミアリーグ

著　者　トニー・フェルナンデス
訳　者　堀川志野舞
発行者　後藤康徳
発行所　パンローリング株式会社
〒160-0023　東京都新宿区西新宿7-9-18 6階
TEL 03-5386-7391　FAX 03-5386-7393
http://www.panrolling.com/
E-mail　info@panrolling.com
装　丁　パンローリング装丁室
組　版　パンローリング制作室
印刷·製本　株式会社シナノ

ISBN978-4-7759-7240-3　C2033